小书大智慧管理丛书

70个
实用决策模型

[英] 詹姆斯·麦克格拉斯（James McGrath）—著   叶红卫 钱佳雯—译

THE LITTLE BOOK

OF BIG

DECISION

MODELS

CTS K 湖南科学技术出版社·长沙

图书在版编目（CIP）数据

70 个实用决策模型 /（英）詹姆斯·麦克格拉斯（James McGrath）著；叶红卫，钱佳雯译. — 长沙：湖南科学技术出版社，2021.1(2025.4 重印)
（小书大智慧管理丛书）
ISBN 978-7-5710-0830-7

Ⅰ. ①7⋯　Ⅱ. ①詹⋯ ②叶⋯ ③钱⋯　Ⅲ. ①决策模型　Ⅳ. ①C934

中国版本图书馆 CIP 数据核字(2020)第 226536 号

著作权合同登记号：18-2020-056
中文简体字版权专有权归湖南科学技术出版社所有
THE LITTLE BOOK OF BIG DECISION MODELS
978-1-292-09836-4 by James McGrath, Copyright © James McGrath 2016(print and electronic)
This translation of THE LITTLE BOOK OF BIG DECISION MODELS is published by arrangement with Pearson Education Limited.
Simplified Chinese Translation copyright © 2021 by Hunan Science&Technology Press.
ALL RIGHTS RESERVED

小书大智慧管理丛书
70 GE SHIYONG JUECE MOXING
70 个实用决策模型
著　者：[英]詹姆斯·麦克格拉斯
译　者：叶红卫　钱佳雯
出 版 人：潘晓山
责任编辑：兰　晓　李　柔
出版发行：湖南科学技术出版社
社　址：长沙市芙蓉中路一段 416 号泊富国际金融中心
网　址：http://www.hnstp.com
湖南科学技术出版社天猫旗舰店网址：
　　　　http://hnkjcbs.tmall.com
印　刷：长沙鸿和印务有限公司
　　　　（印装质量问题请直接与本厂联系）
厂　址：长沙市望城区普瑞西路 858 号
邮　编：410200
版　次：2021 年 1 月第 1 版
印　次：2025 年 4 月第 4 次印刷
开　本：880mm×1230mm　1/32
印　张：8.125
字　数：181 千字
书　号：ISBN 978-7-5710-0830-7
定　价：45.00 元
（版权所有·翻印必究）

致弗兰克·坎宁安和菲利普·希思
——友谊地久天长

前　言

　　管理者总是要决策，这是他们工作的一部分。但很少有管理者接受过任何有关决策的正式培训。有些人可能足够幸运，学过有关决策的章节，因为这是他们学位、专业研究或工商管理课程的一部分，但大多数人只能从经验中学习，这种体验式学习没有问题，但学习过程太过缓慢，并且在学习期间，即便再优秀也可能会犯代价昂贵的错误。

　　本书旨在解决这个问题，目标只有一个：

　　提供必要的信息和建议，以提高决策质量。

　　管理者都是大忙人，他们想要容易消化、快速、实用的信息。鉴于此，本书没有对所列出的决策模型展开长篇大论。相反，去除了所有不必要的材料并力求言简意赅。剩下的是每位管理者都应该熟悉的 70 个至关重要的决策模型。除了模型 51 和模型 61 之外，每种理论都只用简短的篇幅进行介绍，并就如何运用给出了建议。这意味着只需要喝杯咖啡的工夫，你就可以阅读、理解并准备好使用其中某个模型，你所需要的只是敢于尝试的信心和勇气。

　　这本书面向高级、中级和初级管理者以及任何渴望成为管理者的人。为什么使用范围如此之广？因为简单易懂。尽管最大的决策可能由董事会做出，但在每个组织中，绝大多数决策都是由初级、中级和高级管理者做出的。

　　本书不仅在使用决策模型以便提高决策成功率方面提供了重要建议，还一再提醒，即使是最好的管理者决策也会出错。例如，《提升组织》一书的作者，AVIS 租车公司的首席执行官罗伯特·汤森德（Robert Townsend）认为，好的管理者 33% 的决策正确，33% 的决策错误，另外 33% 无论做出什么样的决策，结果都一样（他没有说其他 1% 的决策怎么样）。

汤森德的分析难道没有让你感到一丝欣慰吗？本应如此。他告诉你，即使再伟大的管理者也是普通人，也会犯错。那么，你为什么还要期望每次都要做出正确的决策呢？你有什么秘密的超能力能区别于普通的管理者？就连伟大的沃伦·巴菲特最近也承认，他在 20 世纪初投资乐购时犯了错。

作为决策者，你需要做的是尽量减少你犯的严重错误。任何错误都要立即纠正，并始终以击败汤森德 33% 的错误率为目标来做出正确决策。

本书帮你做好十件事

这本《70 个实用决策模型》将会：

■ 使你能够做出更明智/更好的决策；

■ 让你成为更高效的管理者；

■ 拓展和加深你对各种决策技能的理解；

■ 提高你对自己和组织决策环境的理解；

■ 通过采取果断行动，帮助你快速有效地解决各种实际管理问题；

■ 提高你的办事能力；

■ 增加你的个人资本和赚钱能力；

■ 使你能够合理探讨决策时必须考虑的因素，并分析成功决策和不成功决策可能造成的影响；

■ 提高你的可信度，为晋升做好准备；

■ 增强你对关键领域的了解和处理复杂决策的信心，以提高你在面试中的表现。

本书安排

本书分为九章。每一章都涉及决策的不同方面，如"决策原则"或"如何成功实施决策"。

每个决策模型开头都有一个方框，提示你如何使用该模型，提示也仅供参考，我相信你会想出更多其他用途。每个模型后面还会问两个旨在激发你思考的问题。许多问题同样适用于其他模型，建议你在阅读时加以考虑。

每个模型末尾都有一个小版块，标题要么是"优秀决策"要么是"糟糕决策"。"优秀决策"描述的是一项非常成功的决策。"糟糕决策"讲述了某人灾难性决策的悲惨故事。将这些视为从商业、政治、体育和历史领域选择的一系列微观决策案例，试着站在决策者的立场上，找出可能影响他们决策的因素，如信息匮乏、市场误读等。

第 236 页有一个影响决策者如何思考和行动的个人特征列表。这些特征和影响决策者的其他因素一样重要，因为一个人性格中的缺陷或优点往往能区别出伟大决策者和糟糕决策者。例如，骄傲自大和贪得无厌就是常见的性格缺陷。

在九个章节中，每一章都有一个模型被提名为"前 11 大模型"，其目的是强调我认为对忙碌的决策者来说最为有用的 11 种模型——这些是在你时间紧迫或面临艰难决策时首先要考虑的。当然，我的选择你可能并不认同。在"前 11 大模型"中（见第 240 页），我揭晓了排名最前的"老大"和"老二"，完成了 11 大模型的华丽组合。

　　最后，学术界喜欢争论管理层/管理者和领导/领导者之间的区别。我对关于管理大师的一些无聊研究并不感冒。领导是更广泛管理职能的一部分，也包括行政管理的要素。因此，我在整本书中都使用了管理者一词。

　　最后，我祝愿你事业有成，对本书钟爱有加。

詹姆斯·麦格拉思

2015 年 7 月

如何充分利用本书

如果你还没有阅读其他内容，请先阅读第一章的结论部分，这部分介绍了 12 项决策原则。

如果你想充分利用本书，你需要阅读、理解和应用给出的建议。本书设计成分块阅读形式，所以要经常翻阅并批注，以便在你要做决策的时候用作参考。

永远记住，所有的理论和模型只是对复杂现实的部分和简化解释。管理就是与人互动，总是太过复杂，无法用单一模型/理论来描述。所以不要把这本书里的模型视为神圣不可侵犯的。准备好只使用部分模型和/或调整和改变单个模型以适应你的独特环境和需求。此外，可以随意拒绝某些你不喜欢/不同意的模型，但是在你拒绝之前，先确定你不喜欢的模型是什么。如果你过去试图运用这个模型，但事情进展并不顺利，问问你自己："问题是出在这个模型上还是我的使用方法上？"

如果你能有效使用某个模型，那会提高你的决策能力。然而，你的目标应该是将一个、两个甚至更多模型结合起来，以便学会如何做出判断。如果每次只使用一种模型，会像空手道选手一样，一招一式都不错，但却不能把动作出神入化地组合起来。结果是，总是会有些已经将动作出神入化地组合起来的对手将你打得落花流水。为了展示不同的模型是如何组合在一起的，我们在不同模型之间建立了联系，例如"（见模型 9）"告诉你可以参考模型 9，即"标准决策模型"。

尝试把这本书变成你自己的决策/反思宝典。我知道你工作繁忙，压力很大。如果有个人走过来，丢给你一个棘手的问题然后一走了之，估计你勒死他的心都会有。不过我还是建议你，每次使用其中某个模型时，花点时间在相应条目旁边做些笔记。例如：你在处理什么问题？哪方面进展顺利？哪方面出了问题？最终结果如何？下次使用时需要对模型进行修改吗？还能运用其他什么理论？通过反思你所做的事情，无论是好是坏，你都在大脑中嵌入了知识，下一次要做决策时，就能够信手拈来。

目　录

第一章

决策原则

简介

有些决策者优柔寡断，他们会找各种理由来推迟做出最后决策。在此过程中，他们尽可能收集各种信息使事情搁浅。就像嘴里含着骨头的狗，无论如何都不会轻易松口，除非最后别无选择。

相反，有些管理者则喜欢当机立断，毫不犹豫。对那些性格上更为谨慎的员工来说，这些管理者可能会显得非常鲁莽。即使在做重大决策时，他们似乎也只依赖少量信息或仅凭直觉。

"中间派做出的决策才是最好的"，果真如此那就好了，实际上，无论是经验之谈还是实际研究都无法证实这一点。唯一能证实的是，没有什么神奇的公式能确保决策一定成功。

通过积累经验、不断学习以及对组织加深了解，最终学会以最适合自己的方式做出决策。当然，如果你做出的决策总是漏洞百出，就可能需要重新审视自己的方法或更换工作。假设你是一名普通管理者，即你的决策中有 33% 正确，33% 错误，剩下的 34% 无论你做何决策，结果都一样（见模型 1），那你的表现还过得去。不过，我相信你还可以做得更好，而不只是停留在"过得去"。

本章中的模型涉及一些出色的决策原则，把这些基本要求做好，你很快就会发现决策能力有所提高。

然而，对这些原则只停留在纸上谈兵可不行，必须要付诸实践、经常练习并不断反思。我知道你时间有限，但如果可能的话，还是要试着将尝试过的理论及其结果记录下来。你可以利用本书记录下思考或想法，不需连篇累牍，也不需高谈阔论——只要记录以下内容即可：

■ 你做出的关键决策；

■ 你做出每项决策的原因；

■ 每项决策带来的结果；

■ 分析为什么会取得相关结果——不管是效果良好的决策，还是完全错误的决策，做好相应分析都很重要。

如果你每周做一到两项决策并对决策进行反思，很快就能成为一名优秀的决策者。为什么我这么肯定？因为你参与到了深刻的、反思性的学习中，学习中所发现的东西对你来说意义重大，因此会改变你的思维和行为方式。

模型 **1** 汤森德决策规则（前 **11** 大模型）

用于提醒自己快速做出决策的必要性。

罗伯特·汤森德（Robert Townsend）是阿维斯出租汽车公司（Avis Rent-a-Car）的首席执行官，他撰写的《提升组织》（*Up the Organization*）是 20 世纪 70 年代销量最大的销售管理类书籍。他在著作中对当时美国的管理实践进行了毫不客气的批判，风趣幽默的背后是多年经验打磨，远见明察的商业头脑。

在决策方面，汤森德认为：

决策应该由组织中尽可能低的层级做出。

决策只有两种类型：一种是因为代价低且易于纠正，能够当机立断的决策；另一种是因为代价昂贵且不易纠正，需要深思熟虑后才能做出的决策。

所有决策都基于不完整的数据，所以要么学会接受事实，要么知难而退。

好的管理者能作出 1/3 的正确决策，1/3 的错误决策，另外 1/3 无论他做出什么样的决策结果都一样。

学以致用

■ 不要将你有权做出决策的事情拱手相让，这会让你看起来优柔寡断。

■ 将与你薪酬等级不相符的决策权委托给员工，并监督其行使情况。

■ 对于掌握信息少、代价低且容易快速纠正的决策，要么满怀信心，要么委托给下属（见模型 18）。

■ 对于代价高且难以纠正的决策要三思而后行，确保拥有足够但不一定是完整的信息，要使用定量（硬）和定性（软）数据（见模型3）以及自己的隐性知识（见模型8）。具体应该包含哪些数据取决于决策/项目的性质和自己的风险状况（见模型31）。

■ 做决定时不要考虑已经花掉的成本，这些钱已经一去不复返了，要着眼于未来的现金流。如果你已经在某个项目上花费400万英镑，并且需要再花100万英镑来完成，那就把那额外的100万英镑，而不是500万英镑（400万英镑+100万英镑）与未来的现金流相比较。如果未来收入预计超过100万英镑，或许可以继续进行，但如果低于100万英镑，要就此打住。永远不要幻想，"天哪，我们已经花掉400万英镑，必须得要大赚一笔"。这类似于赌徒要追回损失。

■ 虽然永远无法在做出决策时获得完整数据，但应该对必须获得的数据进行严格评估。了解数据是否受到错误假设、错误计算、痴心妄想、满目乐观（包括客户数量和现金流量）或风险低估等方面的影响。

■ 始终进行决策后审查。如果不这样做，就错过了决策过程中识别错误、劣势和优势的好机会。这些信息有助于未来做出更好决策。

问题反思

■ "将决策权拱手相让"是否经常发生？

■ 面对于信息量少，但代价低且易于纠正的情况，能否当机立断？

优秀决策：比尔·盖茨在 1981 年作出决定，将微软磁盘操作系统（MS-DOS）授权给 IBM。作为回报，IBM 也同意比尔·盖茨控制所有非 IBM 个人电脑操作系统的许可证，微软视窗系统（Microsoft Windows）由此诞生。

模型 2　麦克纳马拉谬论：决策者忽略的重要信息（前 11 大模型）

> 用于确保在做出决策之前考虑所有相关数据。

越战期间，美国国防部长罗伯特·麦克纳马拉（Robert Mc-Namara）提出了后来被称为麦克纳马拉谬论（McNamara Fallacy）的观点。他试图弄明白为什么在战争期间，美国及其政治家们都自认为胜券在握。

麦克纳马拉的结论是，人们过于关注可测量的硬事实（hard facts），如越南南方民族解放阵线被杀或被俘的人数，而很少或根本没有关注软数据（soft data），如敌人的士气，以及自 1954 年法国人离开后，越南人民摆脱外国统治的愿望。

麦克纳马拉概述了他的谬论模型，用了四种说法来描述当时政治家和军方的决策方法。据他所言，这四种决策方法为：

- 衡量一切能够轻易衡量的事物；
- 不理会一切无法轻易衡量的事物，不然就强制给予计量标准；
- 宣称凡是无法衡量的事物都不重要；
- 宣称凡是无法衡量的事物其实都不存在，对战争进程没有影响。

这对管理者的影响显而易见。在作决策时，管理者必须找到一种方法，将难以或不可能用财务术语描述的因素考虑进去。

学以致用

- 要知道自 19 世纪末以来，随着有限责任公司的出现，组织的所有权和管理权开始分道扬镳，科学管理一直是管理的主要形式。

■ 要认识到组织的所有者和管理者之间的这种分化导致软非数值数据（soft non-numeric data）被边缘化。之所以如此，是因为管理者想证明其决策是基于确凿证据，而不仅仅是凭直觉。一旦出现问题，这一点显得尤其重要，因为管理者们可以怪罪于数据。

■ 在决策考量中纳入定性数据（见模型 3），但要先确定组织的主要不可量化资产，例如员工士气、员工专业知识、竞争对手情报、与客户的关系以及员工和管理层之间的关系、管理效率等。朋友说我罗列起来经常没完没了，但其实道理你懂。

■ 列出你自己的清单，在此基础上与五六名成员组成的团队进行头脑风暴会议，以确定未来决策需要纳入的其他非财务成本和收益因素。

■ 通过走动管理（见模型 52）、非正式交流、观察、问卷调查和访谈等方式，从员工和其他利益相关方（见模型 14）处收集额外定性数据。

■ 使用成本效益分析为每一项确定的不可量化资产分配数值（见模型 60）。在受其影响的任何决策中使用这些数值，并且每年都要进行更新。

■ 如果不了解如何计算财务或统计数据，不要贸然接受。请会计解释这些数值的来龙去脉，会计不只是一门科学，还涉及选择、意见和专业判断，其中一些你可能会提出质疑。

问题反思

■ 我对使用非财务或非数值数据持什么态度？认为很重要还

是一堆垃圾？

　　■ 上一次做出重要决策时，是不是没有使用任何重要的定性数据？

> **糟糕决策：** 美国宇航局未能为哈勃太空望远镜项目确定测量系统，这导致在使用时，欧洲科学家以厘米为单位，美国科学家以英寸为单位。结果是，想要用太空望远镜拍出震撼世界的太空照片，需要先付出昂贵费用对其进行调整和维护。

模型 3　在决策中使用定量（硬）和定性（软）数据

用来向怀疑论者证明你使用的定性数据正确无误。

麦克纳马拉（见模型 2）主张在决策中包含定性数据，但什么是定性数据呢？通常认为定性数据和定量数据收集方法水火不相容，但是持这种对立观点并无益处。事实上大多数研究中，这两种方法要素都兼而有之。

定性数据是"软数据"，试图记录人们的态度、信仰、感受和感知。就其本质而言，收集的数据是复杂的、印象的、个体的且丰富的。为了收集定性数据，研究人员使用观察、访谈、问卷和焦点小组来了解人们的主观态度、信念和感受。然而，这种数据的性质意味着不可能准确地用数字来测量所调查的现象或传达其含义。

定量数据是"硬数据"，处理事实和数字，通常包括计算或测量一些现象，如销售额、未来收入或生产单位。这类数据通过对照实验、会计和统计、详细观察和事实问卷收集，目标是尽可能客观地将感情和观点排除在硬事实之外。

学以致用

■ 要认识到大多数（如果不是全部）决策包含两大要素：要素一是与决策相关的事实和数字（硬数据）；要素二涉及人们对决策的感受和反应（软数据）。

■ 认清当前决策的性质决定了对每种数据类型的相对重视程

度。对于简单的决定，比如更换一台旧机器，你可能会依赖硬数据。但是，如果替换机器意味着裁员或者需要重新部署工作，那么明智的做法是在考量时加入一些软数据。

■ 组织中有很多人可以为你提供硬数据，例如会计师、统计员、销售和生产经理等。提供这些硬数据是他们工作的一部分，但是谁来为你提供必要的软数据呢？

■ 在规模较小的组织中，可能需要自己去收集软数据。做到这一点最快最好的方法就是运用走动式管理（见模型52）。在大型组织，可能已经有专门工作人员负责收集软数据。如果没有专人负责，找一个具备必要研究技能的人来进行定性数据收集练习。如果没找到但又确有需要，并且你有足够的资源/影响力去做，那就雇个人来填补这个职位。

■ 在所有决策中，尝试列出利益相关方对决策的可能反应（见模型14），与受影响的利益相关方交谈，并将他们的支持/反对意见纳入决策过程。

问题反思

■ 我是否需要了解更多收集和使用定性（软）数据的信息？

■ 组织中的其他管理者对软数据的态度如何？如果他们执对立态度，我能做些什么来改变他们的意见？

优秀决策：英国天空电视台决定加大足球现场直播的投入，以此来作为吸引、留住和扩充客户的方法。

模型 4 克雷纳和克里斯滕森：后果模型

用于提醒你，决策时优柔寡断会导致一定程度的风险。

克里斯蒂安·克雷纳（Kristian Kreiner）和索伦·克里斯滕森（Soren Christensen）的后果模型关注决策所需时间和决策可用信息量之间的相互作用。

在任何决策过程开始时，可用信息量都是有限的。此外，该决策的可能后果也很难预测。随着时间的推移，可用信息量不断增加，从而使预测可能结果和后果变得更为容易。

不幸的是，延迟、推迟或不做决定本身就是一项决策。这种无所作为会带来风险，并可能破坏决策带来的好处。因此，克雷纳和克里斯腾森建议管理者要大胆行动，尽早作出决策。在许多方面，后果模型强化了罗伯特·汤森德对决策的看法（见模式1）。

学以致用

■ 不要为决策而忧心忡忡。推迟或不做决定本身就是决策，会产生后果。

■ 遵循汤森德的建议，对代价低且容易纠正的决策要当机立断。

■ 如果你确实需要延迟做出决策，向人们解释原因，否则会在员工中引发混乱和不确定性，并因此导致信誉受损。

■ 记住所有决策都基于不完整信息。你永远不会拥有做出完美决策所需的所有信息。所以，听从克雷纳和克里斯腾森的建议，尽早做出决策。

■ 在实施阶段，每项决策都需要一些修改，对此要坦然接受，不要指望一步到位。

■ 使用休哈特的 PDCA 模型（见模型 66）帮助完善和改进初始决策。循环往复会让你更接近想要的结果。

■ 如果你发现决策不可行，要及时修改。不要让骄傲自满妨碍你正确行事，有太多的管理者认为改变主意是软弱无能而不是充满自信的表现。

■ 密切监督自己决策的实施（参见模型 66），并在需要时迅速采取纠正措施。

问题反思

■ 通常需要掌握多少信息之后，我才愿意做出决策？

■ 一旦做出决策，我会如何监督其实施？

糟糕决策：希特勒重复拿破仑 1812 年的错误决策，于 1941 年入侵俄罗斯。

模型 5 坦南鲍姆和施密特：决策连续体

用此模型可以了解你在决策时的专制/民主程度。

有些人认为管理者做出决策时不应该有员工参与，认为征询意见是软弱无能的表现。事实并非如此。是的，有些决策必须由管理者单独做出，但是让其他人参与其中会对决策更为有利。

罗伯特·坦南鲍姆（Robert Tannenbaum）和沃伦·H·施密特（Warren H. Schmidt）在 1957 年首次提出领导行为连续体模型（leadership continuum），旨在描述介于专制与独裁、民主与参与之间的一系列领导风格。然而，这一模型同样适用于描述管理者允许员工参与决策过程的程度。

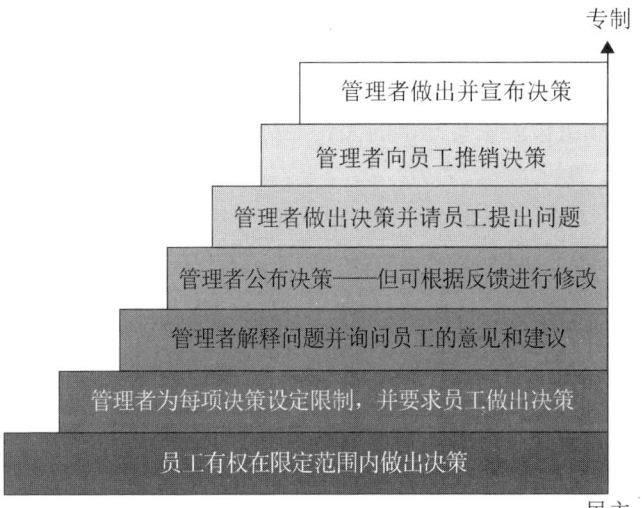

专制

| 管理者做出并宣布决策 |
| 管理者向员工推销决策 |
| 管理者做出决策并请员工提出问题 |
| 管理者公布决策——但可根据反馈进行修改 |
| 管理者解释问题并询问员工的意见和建议 |
| 管理者为每项决策设定限制，并要求员工做出决策 |
| 员工有权在限定范围内做出决策 |

民主

学以致用

■ 确定自己在上述领导行为连续体中的位置。

■ 给员工一份领导行为连续体模型复印件，让他们确定自己所处的位置，允许员工匿名回答。如果向员工敞开心扉令你为难，可以试着让家人和朋友来完成。

■ 将你的观点与其他受访者的观点进行比较。你可能自认为决策时大家充分参与、你情我愿，但别人可能会认为你狂妄自大。

■ 利用收集到的信息，确定你在领导行为连续体中的理想位置。你可能对自己的现状非常满意，但如果想要有所改变，应该循序渐进地进行，而不是试图一蹴而就，从专制直接跳到民主。可以使用这样的策略，即针对不同类型/级别的决策采用不同的方法。这么做无可厚非，但应该是你自己有意为之。

■ 一旦确定了自己的决策风格，要尽量保持一致。员工信任那些具有可预见性，而不是总让人措手不及的管理者。

■ 尝试了解上司和组织中的其他管理者在领导行为连续体模型中所处的位置，这有助于了解组织的管理文化。如果发现自己的管理和决策方法与同事的大相径庭，你可能要么选择改变自己的方法，要么跳槽。

问题反思

■ 如果受到员工的挑战，你会作何反应？

■ 你在决策时是否希望只让个别员工参与其中或将其排除在外？

优秀决策：1994年乐购决定推出增加顾客忠诚度的会员卡方案，事实证明，此举非常受顾客欢迎，并为乐购提供了庞大的顾客数据库。

模型 6　罗杰斯和布伦科：快速决策模型

> 此模型可用来提醒你，对参与决策过程的所有人员都要明确其角色。

　　模糊和不确定性是良好决策的天敌。如果同时有两个人认为他们应该负责某项决策，就会导致延误、争论和推诿等问题。保罗·罗杰斯（Paul Rogers）和玛西亚·布伦科（Marcia Blenko）的快速决策模型（RAPID Decision-Making Model）旨在明确而具体地划分决策角色，从而避免这些问题。要做到这一点，他们会询问"谁扮演 D 角色？"，意思是谁负责决策过程的某个特定环节。

罗杰斯和布伦科用动词进行描述，确定了以下五个角色：
建议（**R**ecommend）：建议者（R）收集数据并对接下来的行动方案提出建议。他们向输入者（I）咨询，听取协商者（A）的建议。
协商（**A**gree）：协商者（A）向建议者（R）提出建议，并就行动方案的变更进行协商。如果有必要，在极端情况下，他们可以否决项目。
执行（**P**erform）：一旦决策得到确认，执行者（P）负责确保决策得到执行。
输入（**I**nput）：输入者（I）向建议者（R）提供信息，并评估行动方案的可行性和可能出现的问题。
决定（**D**ecide）：决策者（D）在需要时，在建议者（R）、输入者（I）、执行者（P）和协商者（A）之间进行仲裁，并做出最后的决策。

学以致用

■ 确定每个角色的职责并指定专人来执行这些职责至关

重要。

■ 在规模较小的组织中，或面对一项简单决策时，一个人可能扮演多个角色。事实上，一个人担任所有角色的情况也时有发生。

■ 如果你发现自己集多重角色于一身，请一定确保"协商者（A）"和"输入者（I）"角色由其他人担任。需要有"唱反调"的人来质疑你的想法，否则可能会出现思维定势的风险。

■ 在较大的组织中，每个角色可能有几个人参与。避免有过多"协商者（A）"的角色，因为他们对所做的事情实际上具有否决权，他们之间的勾心斗角可能会导致决策严重延误。

■ 避免分配过多"输入者（I）"角色。信息是好东西，但多了可能会造成信息冗余；有些成员为了刷其在项目组的存在感，可能会给你提供一些并不需要的信息，这些信息实际上会误导你。

■ 执行者（P）角色对任何决策的成功与否都至关重要。好的决策往往因执行不力而导致失败或次优。选择优秀的中层管理者来担任此角色，他们知道如何把事情做好。福特蒙迪欧（Ford Mondeo）的新车发布就是由"中层管理者"实施的，在当时成为福特有史以来推出的最成功的新款车型。

■ 无论谁对决策负总体责任，决策者（D）或建议者（R）都必须对其进展情况进行监督。对决策实施的正式报告尽可能进行压缩（见模型 65），否则员工要花费更多的时间来撰写报告，而不是执行决策。

问题反思

■ 谁在战略和运营层面对项目负责？

■ 你最近参与的重大决策中，责任界限是否足够明确？

糟糕决策： 索尼在 20 世纪 70 年代决定不再授权 Betamax 磁带视频格式，结果败给了松下低画质的 VHS（家用录像系统）产品。

模型 7 认知映射：理解同事如何思考

可用来帮助你辨别和理解同事和员工的想法。

认知映射（cognitive mapping）旨在通过辨别和明确影响管理者参与决策过程的因素，提高中高层管理者的决策水平。这些因素大部分都是隐性知识，存在于人的潜意识中。在潜意识中，即在人们没有意识到的情况下，这些知识为他们的日常思维和行为提供信息。认知映射试图让这些深层知识变得更为明晰，并在同事之间分享（见模型 8）。

学以致用

■ 确定你在认知映射过程中的角色。你在进行该项练习时是否需要协调员，抑或是让自己成为映射的管理者之一？

■ 确定希望映射的管理者群体。

■ 任命一名外部协调员协助群体。虽然鲜有外部协调员比内部候选人更优秀，但他们往往在高级管理者中拥有更高的可信度，而可信度在这类工作中至关重要。

■ 协调员与每位管理者进行一对一的持续访谈，每次最多 90 分钟，每个人的访谈可能不止一次。

■ 使用开放式问题，协调员尝试从管理者那里引导出他们所遵循的内在理论。通常最好的方法是让管理者描述一些最近的决策，然后探究导致他们做出该决策的原因和影响。

■ 协调员分析所有访谈结果，并建立个人和群体行为模型。

■ 最后，安排为期 1~2 天的研讨会来讨论调查结果，并将团队带离现场，以免受到打扰。（在此期间，禁止使用手机——即便当年罗马帝国治理得很成功，也没听说每隔两三分钟就要与老大联系一下。）

■ 与每位成员共享协调员的模型和想法，允许自由、坦率的讨论，但要避免将任何分歧变成私人问题。抛弃那些行不通的想法，例如，不管哈利多么固执己见，咨询占星家都不应该成为公司的政策选择。

■ 通过分析确定最佳实施方法，在此基础上协商群体方案，并立即实施该方案。

■ 明确的目标、更明晰的工作方法和更多的合作所带来的改进会很快显现。即便如此，还是要对认知映射实施三个月后所产生的影响进行一次正式评估。

问题反思

■ 你希望在工作中扮演什么角色，例如，希望与协调员一起分析数据吗？

■ 你希望哪些高级管理者加入群体？他们都很忙碌，你准备如何吸引他们参加呢？

优秀决策：1948 年，丰田决定听从一位尚不知名、未经认可的美国统计学家的建议，实施其关于如何提高质量的想法。他的名字叫爱德华兹·戴明，他后来成为丰田全面质量方案（total quality approach）之父。

模型 8　隐性知识与决策

> 用来提醒你，你对工作的了解 80% 以隐性知识的形式存在。

　　有些管理者凭借看似微不足道的信息做出重大决策。他们似乎是在凭"直觉"行事。然而，事实一再证明他们准确无误，但他们真的是在没有数据支撑的情况下做出决策的吗？

　　近年来，人们对隐性知识这一概念的兴趣日渐浓厚。隐性知识是个人经验和学习积累的产物。人们没有意识到自己拥有这种知识，因为它们存在于潜意识深处，一直等到环境将其带入到意识之中。

　　弗里德里希·冯·哈耶克（Friedrich von Hayek）因其对自由市场经济学的研究获得了 1974 年的诺贝尔经济学奖，他是隐性知识的早期支持者。他支持自由市场，原因之一是他认为，受中央控制的员工无法向中央汇报他们所知晓的关于当地形势、问题和机会的所有情况。这意味着，中央永远无法完全了解地方发生的事情，因此也就无法指导其掌控的市场。

　　在管理界，约翰·阿戴尔（John Adair）教授提倡隐性知识的概念，并称之为"深层知识"（deep knowledge）。

学以致用

　　■ 存储信息是增加隐性知识的关键。

　　■ 利用一切机会从员工、经理、客户、供应商以及广大利益相关者那里收集有关组织的信息。

　　■ 工作中多走动，从清洁工到公司董事长，与办公室每一个人进行交谈。

■ 将会议和会前会后的闲聊时间视为积累知识的机会。

■ 在会议中通过观察来了解出席人员，包括他的态度、信仰、动机以及与同事的关系等。

■ 阅读报纸或网站上有关公司的任何报道。

■ 在看电视、读书、聊天和上网时，一定要留意碎片化信息和想法。任何让你感兴趣、可能对工作有影响的东西都值得储存起来。我们的潜意识会使用这些不同和不相关的数据片段，通过加工处理，产生新的想法和理论。

■ 记录你认为可以从其他机构获取的创意，经过一番调整后在你自己的组织中使用。

■ 在反思日记中写下所有有趣的评论、事件趋势、问题、机会、威胁或有趣的八卦（甚至知道谁在和谁上床也很有价值，这可能有助于了解某人的态度/立场）。

■ 以上所有信息都会在你的潜意识里日积月累，并在大脑中形成联系和连接，丰富你的隐性知识。遇到问题时，这些知识会重新涌现，并为你提供答案。

问题反思

■ 我是否遇到过这样的情况，即刚刚遭遇某个问题，就知道该采取什么行动方案？

■ 我是否善于收集和利用有关组织及其员工的信息？

错误决策： 美国无线电公司（RCA）是美国领先的电视和收音机制造商，20 世纪 60 年代中期，该公司决定将业务扩张到自己几乎不具备专业知识、也没有竞争优势的领域，这导致该公司在 80 年代被转让给通用电气（General Electric）。

模型 9　标准决策模型

> 如果你想表明自己已经采取合乎逻辑的综合方法来做出重要决策，可使用该模型。

尽管最近比较时兴在决策中纳入定性数据，人们仍普遍认为，好的商业决策建立在不受情感影响的经济和会计原则基础之上。标准决策模型并不排除使用定性数据，但在设计该模型的时候，许多人认为定性数据无关紧要。

标准模型的持续优势在于提供了出色的基本方法，你可以根据需要进行调整。

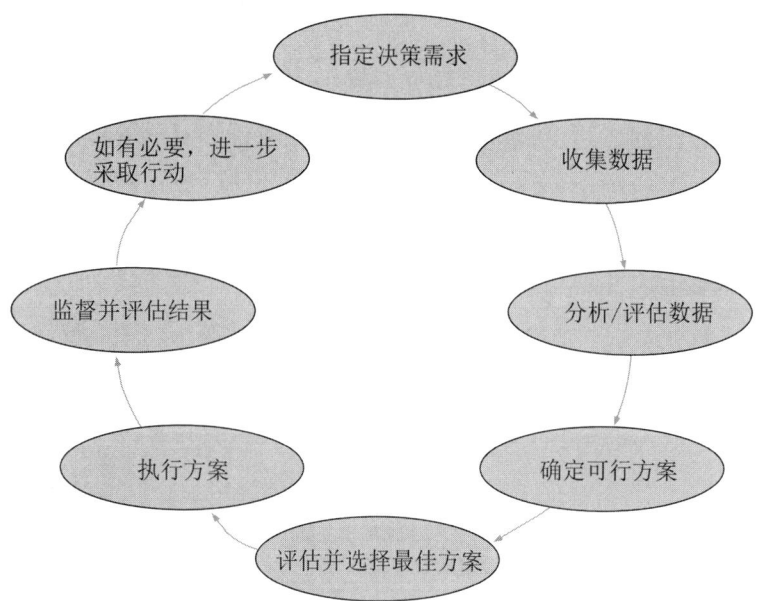

学以致用

■ 记住，那些低成本、容易逆转的决策应该迅速做出。那些更昂贵、难以逆转的决策是标准决策模型的候选对象。

■ 有时候你不得不自己独自决策，但有时也可以寻求他人帮助。参与决策过程的人更有可能支持决策并努力使其成功。有时候遇到与你想法不符的情况，你可能会看不到或忽视解决方案，但标准决策模型可以让你免受思维定势的影响。

■ 首先要把问题弄清楚。例如，一款新产品生产出来却销售不佳，管理者对营销活动进行批评，并想出了解决问题的办法。他们的决策得到执行，但产品仍然不畅销。为什么？因为公众不想要/不需要这种产品，再多的营销也无济于事。

■ 作为解释问题的环节之一，确定将用于评估解决方案的评价标准（见下文）。

■ 收集相关数据，记住要包含软定性数据（请参阅模型 3），不要期望有完整无缺的信息。收集的数据取决于面临的问题，但可使用第二、第七、第八和第九章中介绍的各种数据收集模型。

■ 批判性地评估收集到的数据。了解数据是如何产生的，以及在解释数据时做了哪些假设。

■ 如果决策需要推广，请让团队制订详细实施计划，并将计划的具体责任委派给指定人员（参见模型 18 和 37）。

■ 监督计划的执行情况，并随时帮助员工并/或根据需要对决策做出实际调整。

■ 一旦决策得到执行，事情也得以解决，要进行一次评估，确定下次可以获得哪些经验（好的和坏的），以及如何改进过程。

问题反思

- 你的决策过程是如何组织的？
- 你的决策过程需要多一些还是少一些组织安排？

优秀决策： 1982 年，强生公司（Johnson & Johnson）决定立即将泰诺（Tylenol）下架，这让人们清楚了解到有人随意在药瓶中下毒。虽是意料之中的事，但他们对媒体和公众所表现出的开放程度出乎意料，堪称典范。

总结

前 11 大模型

我选择麦克纳马谬论（见模型 2）作为前 11 大模型之一，原因很简单，决策者一直低估人们的态度、信仰、感受和感知对决策成败的影响。

如今，管理者不能再让员工"照我说的做"，在做出任何最终决策和/或实施决策之前，必须考虑员工和其他利益相关者的意见。

这一章是有关正确决策的基础。通过本章所讨论的 9 个理论以及随后的其他理论，可以确定一系列应用于决策的原则。为了便于参考，我总结如下。在阅读过程中，你可以看看是否还有其他要补充的原则。

决策的 12 项原则

1. 如果决策涉及不止一人，确保每个人都充分了解自己的角色和责任。

2. 所有决策都应在组织中尽可能低的层级做出。这会增强员工的能力，让他们为晋升做好准备，并避免了不必要的延迟和瓶颈，因为决策会通过管理链向上传递。

3. 容易纠正的低成本决策一旦出错，应该迅速解决。不应该在小事上浪费时间、精力和金钱。我曾经参加过一门管理培训课程，有一名高级管理者一周大部分时间都在接听公司电话，说有位员工的工作服太紧，问他该如何处理！

4. 所有决策都基于不完整的信息/数据，这意味着会遭遇质疑和不确定性。对此要习以为常！如果你有完美无缺的信息，就没有必要对现有的证据做出判断，因为行动的过程和结果会显而易见。

5. 高成本、难以逆转的决策需要经过深思熟虑后才能做出。作为一名会计师，我总是惊讶于董事会对数百万英镑的决策草草盖章，对一万英镑的决策却争论不休。我能说高管和董事对于重大决策可能不假思索就通过，因为他们总认为所有细枝末节都已考虑，这种设想很危险。

6. 做决策时不要考虑已经花了多少钱。如果你有一个项目已经超支且无法挽回，不要试图把已经花费的金额考虑在内。无论你做何决定，钱都已经没了。是的，在一个项目上损失 1000 万英镑却没有什么明显的成果，这很令人尴尬，但如果你试图挽救失败的项目，并在这个过程中再花 2000 万英镑，那就更加尴尬了。因此，做决策时只考虑未来的现金流。

7. 决策是一门科学，也是一门艺术。在考量时，同时使用定量（硬）数据和定性（软）数据（参见模型 3）。如果经验丰富的员工告诉你，你的决策很糟糕，即便他们无法解释原因，你也要认真倾听。为什么？因为他们的隐性知识在起作用（见模型 8），除非你已深思熟虑过，否则不应对其视而不见。

8. 避免次优化（sub-optimisation）。管理者经常根据对自己部门或办公室最有利的方式来做决策，最好的决策应基于对组织整体利益的考虑。那些能够超越自己狭隘目标的管理者很快就会受到上司的关注，并成为未来晋升的对象，因为他们是所有组织都需要的具有"大局观"的管理者。

9. 避免固定思维。让其他人参与决策过程，从多个角度解决问题（见模型 5）——他们很可能会提出你没有考虑过的选项。

很少有什么决策需要如此保密，只能你一人知道。此外，通过让员工参与到决策过程，他们更有可能认同并支持这项决策，因为对于该决策，"他们曾经有过发言权"。

10. 只要时间允许，在宣布一项重大决策之前，一定要三思而后行。这可以给你的潜意识最后的机会来获得隐性知识，反之可能对你有意识的决策产生质疑。

11. 一旦做出决策，就要全力以赴争取成功（见第9条），但如果确实没有取得成功，也要有接受失败的准备。

12. 如果你做出了错误决策，不要自责（很多人会这么做）。相反，要分析哪里出了问题，从错误中吸取教训并尽快回归正轨。

与任何指导方针一样，如果形势需要或有助于组织获得更好结果，违背以上原则也未尝不可。

第二章

在决策中使用数据

简介

本章提供了一系列数据收集模型，有助于你做出明智的决策。乍一看，似乎有几种模型只关心收集定性（软）数据。其实不然，因为你会看到，最初收集的大部分数据到后面都显示出其财务价值（见第二章结论）。

从各种不同途径收集定量和定性数据，并在两者之间取得平衡，在此基础上才能做出最好决策。理想状态下，数据收集的来源不同，研究问题的视角也略有不同。如果数据涵盖的研究视角足够丰富，就可以建立起问题的三维（3D）图像。这一过程中，方法三角论（methods triangulation）大大增加了所收集数据的丰富性和决策的质量。

但是，如果你的数据收集缺乏有效性，那么上述所有操作都是浪费时间、金钱和精力。有效性是你衡量或探索研究对象的程度。简单地说，有效性提出的问题是"你衡量过你准备衡量的东西吗?"例如，你的公司推出了一款人人都相信会畅销的新产品，没过多久，该产品的销售并没有预期的那么好。很快，大家将原因归咎于广告宣传。市场调查发现，该广告宣传并没有得到目标受众的普遍认可，于是又推出了另一项宣传活动。哎，产品依然一败涂地。此时，一位勇敢人士指出，问题出在产品本身，员工被公司的大肆炒作和特别糟糕的"皇帝新衣"蒙蔽了双眼。在衡量广告宣传活动是否成功时，该公司衡量的是问题的症状，而不是问题的原因。

在阅读本章的过程中，请注意哪些模型具有吸引力，并弄清楚各种模型可能帮助你做出什么类型的决策。并不是所有的模型你都会喜欢，没关系，不过要设法弄清楚你为什么不喜欢某种特定模型。如果每次都这么做，可能会发现某种趋势，这对你来说很重要，因为能帮你确定通常低估或忽略的数据类型。多年前，我有过一段不幸的经历，与一位不了解财务信息重要性的首席执行官共事，他对财务信息的重要性总是轻描淡写。我毅然辞职!

模型 10　帕累托法则和"至关重要的少数"（前 11 大模型）

用来确定应该把精力集中在哪方面。

　　维尔弗雷多·帕累托（Vilfredo Pareto）首先利用他的知名法则证明了意大利 80% 的房产为 20% 的人口所拥有。他的理念被质量管理大师约瑟夫·朱兰（Joseph Juran）领悟，在朱兰的帮助下，这一法则广为人知。帕累托的"至关重要的少数和微不足道的多数"理论已应用于以下不同的领域：

■ 库存控制：库存总价值的 80% 一般包含在 20% 的物品中。

■ 销售：公司 20% 的客户贡献了 80% 的销售额。

■ 人员问题：80% 的人力资源问题出在 20% 的员工身上。

　　这样的例子不胜枚举。分配比例也可能是 70% 与 30%，90% 与 10%，但主要是在 80% 与 20% 区域。这意味着，忙碌的管理者可以将注意力集中在关键的少数人身上，避免在寻求建立优势、消除劣势的过程中，不得不费力处理 80% 的琐碎工作。

奶油　　　　至关重要的少数（20%）

牛奶　　　　无关紧要的多数（80%）

学以致用

■ 帕累托法则不能解决你的问题，而是提供了节省时间的工具，并向你指明可以采取最有效行动的方向。

■ 正如下面例子所示，你的工作是什么并不重要，帕累托原则可以应用于各个领域。留出一些时间，在你负责的每个职能部门中找出"至关重要的少数人"。

——如果你编写财务、统计或任何其他类型的报告，确定客户真正想要的 20% 报告内容。确保这些按时、高标准地完成。把剩下的 80% 内容做一些删减，你可能会发现没有人会对此抱怨。

——如果出现员工管理方面的问题，找出导致 80% 问题的 20% 员工。把决策集中在这 20% 员工身上，让其他员工继续按部就班地工作。

——确定哪 20% 的工作人员带来了 80% 的生产力/销售/利润。在做出有关薪酬或福利的决策时，要考虑他们的贡献。如果不能在经济上给他们以奖励，至少要公开认可他们做出的贡献（见模型 40）。

——找出贡献了 80% 销售额的那 20% 客户，并以特别优惠的报价和交易给予回报。

——如果遭遇现金流问题，找出欠 80% 未偿债务的那 20% 债务人。集中所有资源追回这些人的债务。

——如果 80% 的收入来自 20% 的产品，你就需要持续监控这些摇钱树（参见模型 51），并对其所面临的任何威胁迅速做出反应，比如对过时的技术及时更新。

问题反思

■ 我知道自己的工作领域存在各类"至关重要的少数"吗？

■ 有什么问题可以让我在今天/明天检验这项理论吗？

糟糕决策：1962 年 1 月 1 日，披头士乐队（the Beatles）在迪卡唱片公司（Decca Records）面试，遭到当时的迪卡主管拒绝，因为他认为吉他乐队已逐渐过时。

模型 11　勒温的力场分析：支持和反对一个决策

> 用来找出决策会遇到的支持力量和反对力量，并设计出相应的应对策略。

　　库尔特·勒温（Kurt Lewin）的力场分析本身很简单。然而，简单的背后隐藏着非常深刻的理念。他的分析包括确定支持和反对的力量，这两种力量都会包含一些因素，比如成本，以及出于各种原因支持或反对你决策的人员。给每种力量打分，分值范围为 1 至 10 分，其中 10 分最高，这样就有可能"计算"出支持和反对力量的强度。

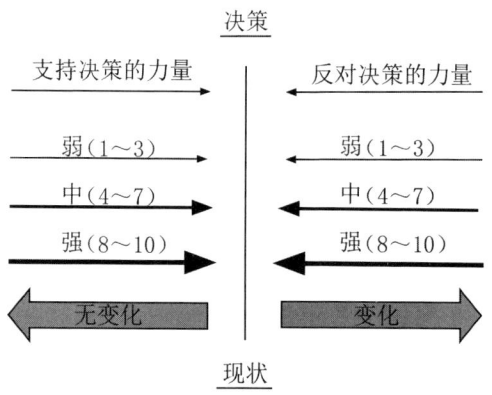

　　资料来源：McGrath（2013），*The Little Book of Big Management Theories*（Pearson Education 2013）.

学以致用

- 确定是想单独练习，还是和团队成员一起练习。
- 使用一张 A3 纸来对决策进行描绘，并将其记录在页面上方的方格中。从底部沿页面中间画一条线。

■ 找出反对或支持决策的力量。记住，如果你和别人打交道，重要的是要弄清他们为什么支持或反对你。

■ 收集支持和反对力量的相关信息。

■ 在左边栏记录支持力量，在右边栏记录反对力量。

■ 给每种力量评分。为增加视觉效果，为每种力量画一条指向中心线的水平箭头。箭头越粗，表示力量越大。

■ 你给每种力量的评分是主观的，但只要评分的尺度保持一致就没问题。如果一群人参与分析，所得结果会更稳定。

■ 把中线两边的分值加起来，你的决策是顺利通过还是要走向失败，很快就会一目了然。许多实验表明，两边力量经常是势均力敌。

■ 一旦出现两边力量势均力敌，而你仍然想继续实行这项决策，可以制定战略，要么加强支持力量，要么削弱反对力量，也可以两者同时进行。如果你面临失败，要考虑体面地退出，等削弱了不利力量或加强了有利力量，并对决策进行包装后再重回战场。

■ 请记住，同样的因素既可以成为决策的有利力量也可能成为不利力量。例如，你的决策可能需要较高的初始投资，这会导致资金短缺，但从长远来看可能会带来更多的积蓄。

问题反思

■ 团队成员要包含哪些人？

■ 决策实施面临的最大威胁是谁/什么？

优秀决策：维氏集团（Victorinox）决定将其产品范围从瑞士军刀扩展到手表制造。在其他人可能已经失败的领域，他们利用自己优质产品的声誉，将其与精致手表的制造结合起来，取得了巨大的成功。

模型 12　情景分析以及规划可能的未来

用来确定可用于应对未来威胁的策略。

情景分析（SA）试图预测组织可能面临的未来。考虑到准确预测某一种未来不切实际，情景分析（SA）通常会产生 3 种情况，即悲观的、乐观的和最有可能产生的结果。鉴于非连续性变化是当代世界的一大特征，情景分析在其预测中不使用历史信息，也不根据过去的事件进行推断。相反，其用户力图确定会影响组织/决策的未来趋势、变化、发展和转折点。

一旦确定了可能产生的"未来世界"，管理者就能制定一系列策略来处理分析过程中发现的所有问题。这些问题可以分为以下几类：

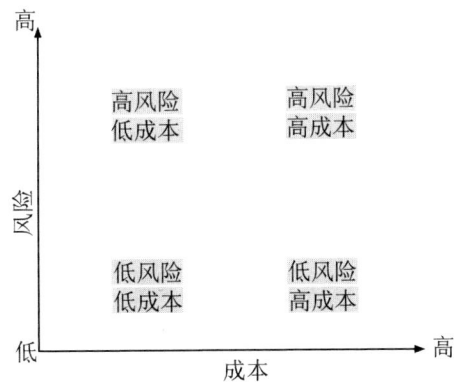

学以致用

■ 与协调员一起选择大约 6 名成员（小型组织选 3 名），这些成员要能想象并理解组织所处的不断变化的环境。

■ 在第一次碰头会上，请详细说明希望探讨的问题并向团队成员简要介绍此次训练的目的，例如：如果英国退出欧盟，会出现什么状况？指定时间范围，但不要把未来时间定得太远，最好不要超过三年。

■ 请每位成员准备一份初始想法列表。在对每个人的想法进行简短讨论之后，允许人们修改想法。

■ 在第二次开会前分发每名成员修改后的报告。第二次研讨时，允许用 30 到 60 分钟的时间来讨论每位成员提交的内容。

■ 第二次讨论后 10 天左右，安排第三次研讨会。在第三次研讨会的准备阶段，鼓励团队成员彼此交谈，并与主持人交谈，给他们机会最终确定自己的建议。

■ 在第三次研讨会上，评估每名成员的想法：他们的预测发生的可能性有多大，如果发生，对公司会产生什么影响。

■ 忽略低风险/低成本和高风险/低成本场景。把精力集中在低风险/高成本和高风险/高成本上。如果这两类问题发生的可能性有 30% 或更高，那么你需要确定应对策略。

■ 如果某单一策略可能会解决几个问题，那便是你应该制定的策略，因为其在实践中运用的可能性最大。

■ 对于每一种情况，都会产生最佳、最差和最有可能的结果。

■ 向高级管理层/董事会汇报，并获得他们对建议的批准，一旦将来必须执行一项或多项策略，这样就可以节省时间。

问题反思

■ 为了增加工作的可信度，我是否需要外部协调员？

■ 组织中谁有能力去思考不可想象的事情?

糟糕决策: 英国石油公司（BP）2010 年对墨西哥湾漏油事件的最初处理充斥着糟糕的决策, 并已成为对重大事件不作为的典型研究案例。

模型 13   德尔菲预测以及如何加强预测

用来收集、总结和分析组织内的专家对调查事件的意见。

德尔菲（Delphi）预测法在 20 世纪 50 年代和 60 年代是为美国军方开发的。"德尔斐"这个名字是指古希腊德尔菲的神谕。然而，标题中所包含的含义不利于德尔菲预测的高度结构化。

这个过程就像一个漏斗，专家之间达成的共识越多，答案的数量就会越少。

德尔菲预测包括七个阶段：

1. 确定要调查的问题，并选择内部或外部协调员来安排预测工作。

2. 确定组织中谁对正在调查的问题了解最多。他们都是你所在组织的专家，尽量把专家数控制在 6 位左右。

3. 向所有相关人员作简要介绍并与协调员和专家商定演练的"轮数"。

4. 第一轮：专家们要么完成一份问卷调查，要么与协调员进行一对一的访谈。问卷调查上的问题可能都需要详尽的书面回答。

5. 协调员审核问卷反馈，忽略不相关答案，其余答案匿名，并总结每项答案的原因。

6. 第二轮：协调员将总结与专家分享。然后他们根据所总结内容修改之前的回答。

7. 协调员再次审核修订后的答案，删除无关紧要的答案。答案要具有总结性且匿名。如果要进行第三轮，向专家返回总结并重复上述第二轮中概述的流程。如果不安排第三轮，那么协调员可以召集专家联席会议并商定最终报告，或者直接向委托方提交最终报告（不推荐）。

通过匿名提供信息和避免专家之间的会面，人们就不会因为改变主意或想法被拒绝而丢失面子，这样也避免/减少了专家之间的竞争。有证据表明，这样得到的答案比从非结构化小组得到的答案更准确。

学以致用

■ 上述理论描述涵盖了你需要做的很多事情。你要明确自己扮演什么角色。是要做协调员、专家，还是仅为委托方的一员？

■ 如果你是唯一的协调员，需要确保你完全熟悉正在调查的问题，并且有必要的研究技能来起草一份优秀调查问卷或面试问题清单。如果没有这些技能，请找一位具备相关技能的协调员。

■ 作为协调员，必须提供调查重点，并确保你与委托这项工作的组织或个人对调查重点意见一致。花些时间明确和完善调查问卷/面试计划。如果你把这些都弄错了，收集的数据可能毫无价值和/或给人误导。

问题反思

■ 我是否具备进行这类调查所需的研究技能？

■ 对最初构想我是否持开放态度？

优秀决策：三星决定资助管理培训项目，让最优秀的年轻经理们环游世界，以提高他们对其他文化和全球市场的理解。

模型 14 约翰逊、斯科尔斯和惠廷顿：映射利益相关者的反应（前 11 大模型）

用来识别可能受决策影响的内部和外部利益相关方，并确定如何让他们与你齐心协力。

决策通常并不难，难的是将决策推荐给持怀疑态度的利益相关者并成功实施。格里·约翰逊（Gerry Johnson）、凯旺·斯科尔斯（Kevan Scholes）和理查德·惠廷顿（Richard Whittington）的利益相关者映射模型（Stakeholders' Mapping Model）可用于识别实施决策可能遇到的障碍。根据利益相关者对决策的兴趣程度以及他们干扰决策的权力/影响力，可以将其分成四组。

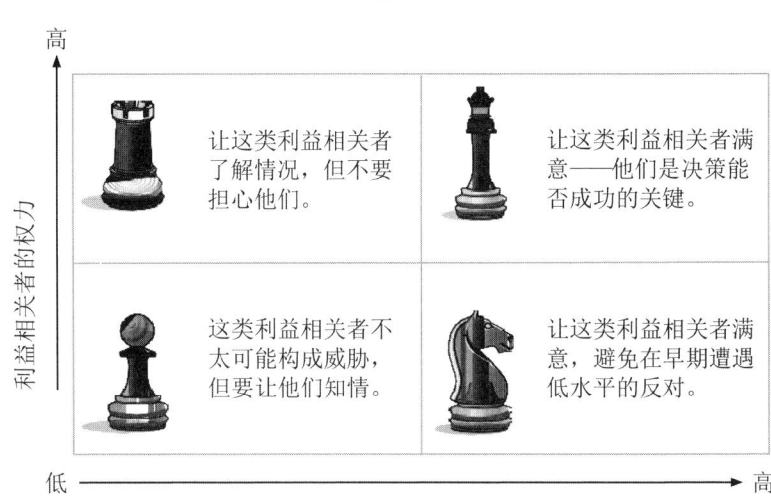

学以致用

■ 了解主要利益相关者，并预测他们对所做决策的反应，这一点至关重要。主要利益相关者包括员工、管理高层、客户、供应商和股东等。

■ 抓住一切机会与利益相关者交流，尝试了解他们对各种热点问题的看法。如果你要宣布一项重要决策，从侧面了解一下他们对此项决策的感受。

■ 制定由两部分构成的利益相关者战略。第一部分涉及与主要利益相关方建立长期友好的关系，使用帕累托原则来确定最重要的因素（见模型 10）。

■ 一旦做出了决定，即开始第二部分。核查利益相关者列表，并确定谁会受到决策的影响或对决策感兴趣。

■ 利用你对利益相关者的了解，根据不同利益相关者群体对决策的兴趣和影响力水平，利用上图对其进行映射和分析。

■ 密切关注那些低权力、低兴趣的利益相关者，但不要花太多时间与他们沟通。

■ 与影响力低但兴趣高的人交谈。他们可能没有太多的影响力，但如果能赢得他们的认可，他们可能会影响其他利害关系大、专业性强的相关者。

■ 对那些影响力大但兴趣小的利益相关者，不要对他们不以为然或惹怒他们。如果感觉受到你的侮辱，他们可能会对你产生浓厚兴趣——让你付出沉重代价的兴趣。

■ 把大部分的注意力放在那些影响力大、兴趣高的人身上，这些人需要你与之充分接触，才能使决策得以实施。

■ 记住，不要让任何利益相关者感觉到轻率唐突，要通过定期联系让他们充分了解情况。

问题反思

■ 我需要讨好的六大利益相关者是谁?

■ 我与这六大利益相关者之间的关系如何？他们是好是坏，还是根本不存在？

> **糟糕决策：** 可口可乐 1989 年改变了最受美国人欢迎的饮料口味，这一灾难性决策一直在提醒所有企业，如果事先不了解顾客的想法，不要轻易胡乱改变自己的核心产品。

模型 15　伊根的影子模型：处理决策的政治

> 用来赢得组织中的政治人物。

　　杰拉德·伊根（Gerard Egan）的模型关注组织中的政治现实，这是对约翰逊、斯科尔斯和惠廷顿模型的补充。在政治领域，人们可能支持或反对某个人的想法，其原因与想法或决策的质量无关，而是仅基于自身利益。

影子模型（shadow side model）要关注的角色：
合作伙伴（Partners）：决策的支持者。
盟友（Allies）：一旦说服便会支持决策。
同路人（Follow travellers）：可能支持决策，但不一定是决策者。
骑墙派（Fence sitters）：对决策既没有表示支持也没有表示反对的人。
放大炮的人（Loose cannons）：可能仅凭一时兴起支持或反对某项决策的人。
反对者（Opponents）：反对该决策但对决策者没有任何意见的人。
对手（Adversaries）：既反对决策又反对决策者的人。
同床异梦者（Bedfellows）：支持决策但不相信决策者动机的人。
无声者（The voiceless）：不管是支持还是反对，对决策均没有什么影响力的人。

学以致用

　　■ 与约翰逊、斯科尔斯和惠廷顿的利益相关者映射模型结合使用（见模型 14）。

　　■ 确定并了解组织中的关键能力掮客（power broker），弄清楚每个人的能力、影响力和利益。

■ 利用约翰逊、斯科尔斯和惠廷顿的利益相关者映射模型确定每个能力掮客（power broker）的相对优势和利益。对那些影响力低、相关利益少的人可以减少关注；对于那些影响力大和利益相关度高的人，必须赢得他们的支持，并争取与其通力合作。

■ 记住，如果能力掮客是真正的政治动物，他们只会对你能为他们做什么感兴趣。只要你还有利用价值，他们就不会做任何伤害你的事；一旦你没有利用价值——小心为妙。

■ 各类能力掮客的应对方法：

——合作伙伴：与他们保持密切联系，并随时向他们通报情况。

——盟友：需要不断给予他们信心，让他们觉得自己做出了正确决定。

——同路人：他们也许同意这项决策，但不喜欢或不相信你，不要做任何引起他们怀疑的事。

——骑墙派：这些人会一直观望到最后一刻。如果事情已临近，可对他们步步紧逼；如果已胸有成竹，可与他们保持联系，但把大部分精力放在维持当前的支持者上。

——放大炮的人：你不能也不要依赖这些人，找其他能力掮客通力合作。

——反对者：这些人原则上反对你的决策，你虽不能赢得他们的好感，但也不要激怒他们，或许他们会支持你的下一项决策。

——对手：他们不喜欢你或你的决策，你无能为力。

——同床异梦者：他们支持决策，但不信任你。努力与他们建立信任。

——无声者：通常情况下，只要你询问他们，他们就会心存感激。给他们一些关注，他们就会支持你，不过他们能提供多少帮助还是未知数。

问题反思

- 公司的主要政治人物有哪些？
- 你对他们有什么看法？

优秀决策：阿斯顿马丁（Aston Martin）在 1963 年向《金手指》（*Goldfinger*）剧组提供了一辆 DB5，这款车成为了该剧的标志性象征，而此前几家较大的汽车制造商拒绝了该剧组租借汽车的请求。

模型 16　SCAMPER 模型与创新解决方案

可用来通过检查现有解决方案来生成创新解决方案。

鲍勃·埃伯勒（Bob Eberle）知道，要有创造力并不容易，他提供了一种模型，管理者可以用此模型来鼓励思想交流。他的 SCAMPER 清单基于亚历克斯·奥斯本（Alex Osborn）为他的 BBDO 广告公司开发的一份问卷，并列出了一些提示，管理者可以用这些提示来激发自己的创造力。该方法可用于所有产品，包括服务和流程。SCAMPER 清单包含管理人员可提出的，关于其现有产品的七个问题。

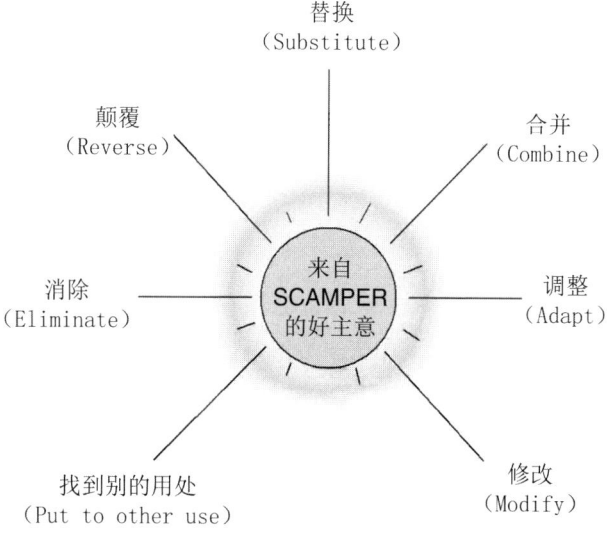

学以致用

- 选择由 3 到 6 人组成的小组来帮助评估。

■ 在第一次会议上，向团队简要说明希望实现的目标，并确定希望评估的产品、服务或流程。

使用 SCAMPER 清单，询问自己：
替换（Substitute）零件、机器、资源、人力或材料能否改进产品，或将产品或服务用于其他目的或市场？
合并（Combine）产品的某项或多项功能，能否更高效地使用材料？或是否可以利用新投入的人力、资源和人才来创建新的、可用于产品审核和产品支持的方法？
调整（Adapt）产品制造过程中某项或多项流程。产品是否可以用于不同环境或其他目的？由于《五十度灰》的成功，手铐制造商有了全新的市场。
修改（Modify）产品的大小、形状、触感或特性，或改进其功能。为了在产品中创造更多价值，可以突出现有的哪些功能？为了改变产品或人们对产品的看法，你能做出什么更改吗？
开发产品的新功能（Find another use for the product）。除了现有客户，还有谁可能使用该产品？需要做些什么来吸引这些人？产品是否可以在不同的环境中使用？（我们又回到了手铐的话题）。
消除（Eliminate）产品或流程中的一些元素或更改并简化，而不会对其有效性/对客户的吸引力产生不利影响。例如，产品是否要像手机一样做得更小、更轻或更时尚？
颠覆（Reverse）长期持有的产品的制造或营销理念。例如，沃尔沃在 20 世纪 70 年代从传统的生产线转移到团队协作，其汽车质量显著提高。

■ 一旦确定一系列可能发生的变化，根据成本/回报来评估每一项变化，如果似乎有利于改善财务数据，可以先进行小规模测试，看看是否具有实用性。

■ 如果测试结果看起来不错，把最好的想法提交给高层管理人员批准/实施。

问题反思

■ 如果要实现想法，需要让谁支持你（参见模型14）？

■ 组织中哪位高层管理者最具前瞻性？你能成为他们的盟友吗？

> **糟糕决策：**柯达胶卷公司在20世纪70年代中期开发了数码相机，但由于担心会削弱其胶卷业务，该公司决定不投资数码相机。

模型 17　德·博诺的六项思考帽模型：不同视角

用来给决策注入更多的创造力。

爱德华·德·博诺（Edward DeBono）的"六项思考帽模型"（Six Thinking HATS Model）承认，人们习惯于根据自己的个性来思考和行动。例如，天生悲观的人在遇到问题时，其思考、行动和反应的方式与乐观阳光的人会不一样。

德·博诺运用这种观点并鼓励团队成员利用六种不同模式思考问题，然后将收到的反馈汇总并综合用于决策过程。

颜色	个性描述	关注对象
白色	客观	事实和数字。
红色	主观	感觉、情感、个人感知和隐性知识/直觉。
黑色	悲观主义者	与决策相关的问题和缺陷——他们对所见所闻持批判甚至怀疑的态度
黄色	乐观主义者	看到积极的一面——明亮、快乐、开朗，他们总是看到最好的情况，认为一切都会好转，因此愿意冒险。
蓝色	条理清晰	逻辑思维和结构化思维——善于站在后面掌控大局。
绿色	创新思维	善于献计献策、提出头脑风暴式解决方案，但很少考虑想法的可行性。

学以致用

■ "六项思考帽模型"有助于创造性思维。可用这种方法来识别与决策相关的优势、劣势、长处、短处、问题、解决方案、选项和想法。

■ "思考帽子"练习有多种不同方式。下面概述的只是其中之一，其他例子可在互联网上搜索。

■ 你要明白，人们可以扮演你分配的任何角色，不一定要悲观主义者来扮演黑帽子的角色。事实上，如果你让某人扮演与其个性相反的角色，可能会得到一些有趣的结果。

■ 毫无疑问，你要先做练习，然后变换角色，再做同样的练习。

■ 给每个人分配一顶帽子。向每个人简要介绍你希望他们扮演的角色。

■ 每一轮比赛开始和结束时的角色都由戴蓝帽子的人担任，这种情况司空见惯。

■ 给每个人 10 分钟左右的时间来思考问题、角色和最初的想法。

■ 先说清楚每个人需要多长时间来介绍各自的案例。这种模型对参与者的要求较高，大多数参与者需要 5 分钟的陈述时间。

■ 在不改变角色的情况下再次进行对话。在第一轮投票之后，他们的观点可能已经改变。或者可以交换角色并再次进行对话。

■ 在便签贴上记下每位参与者的所有观点，把便签贴到墙面上，类似的想法归在同一标题之下。

■ 总结研究结果，并将其作为与小组再次开会讨论的基础。

问题反思

■ 过去做这项练习有何经验？

■ 根据经验，你希望在练习中扮演什么样的角色——参与者、观察者还是协调者？

优秀决策： 在 1940 年，尽管面临来自同僚的巨大压力，温斯顿·丘吉尔依然拒绝支持与德国举行和平谈判。

总结

前 11 大模型

约翰逊、斯科尔斯和惠廷顿的利益相关者映射模型（参见模型 14）提醒我们，决策失败的一个主要原因是执行不力（见第 9 章）。归根结底是因为计划和培训一团糟，但即使在此之前，决策也可能早已注定要失败，因为直接撞上了一座巨大的，被称为"利益相关者"的冰山。

决策会影响他人，除非你有制胜法宝，否则任何决策的执行要赢得人们支持都绝非易事。伊根的影子模型让我情有独钟，因为它迎合了我内心对 007 电影中邦德（Bond）／史迈利（Smiley）的幻想，但我还是选择利益相关者映射模型而不是影子模型作为前 11 大模型之一，因为前者更全面，并且具有根据利益相关者的兴趣和权力级别进行分析的优势。实际上，你没有必要在这两种模型中纠结，我建议你在做出重要决策时同时使用这两种模型。

现在，你已经阅读了本章中的一些条目，或者全部条目，你能更好地理解我在介绍中所讲的内容。这些模型似乎与收集非财务数据相关，但产生的数据确实具有财务价值。例如：

■ 勒温的力场分析要求计算与各方面相关的财务成本和收益（见模型 60）。这些信息可以用来制定策略以减少反对力量或增加支持力量，例如，给员工加薪或给予其他好处，这往往可以帮你消除看似明显无法逾越的障碍。

■ 情景分析和德尔菲预测总是要求计算未来战略的成本，并将未来现金流贴现为净现值（见模型 59）。

■ 约翰逊、斯科尔斯和惠廷顿的利益相关者映射模型和伊根的影子模型用于与这样一些人打交道，即他们很可能愿意用他们的支持来换取你对他们钟爱项目的扶持或资助，我指的是"猪肉桶政治（pork barrel politics）"而不是贿赂（见模型 14 和 15）。

■ 德·博诺的六顶思考帽模型和埃伯勒 SCAMPER 模型会产生一些有趣的方案，但在某个阶段，你必须计算这些方案的财务可行性（见模型 59 和 60）。

因此，第二章传达的信息是，在每一项决策中，都要考虑财务和非财务成本和收益。

第三章

提高决策能力

简介

　　本章涉及如何提高一系列个人技能，这些技能，如分配任务、应对批评、学习创造性思维和提高情商等正是有效管理和决策的核心。

　　许多管理者发现分配工作任务异常困难，也许是因为他们不相信员工能把工作做好。实际上，公司招聘你并不是要你揽下所有工作，而是要你确保其他员工完成工作。艾森豪威尔的原则（参见模型18）提供了相关建议，告诉你平时应该分配哪些决策和任务。听从他的建议，你就会有更多时间来做你该做的工作，比如管理员工、提高经济效益和效率，以及处理复杂问题和决策。

　　当然，作为管理者，无论你做什么都会受到批评，让你灰心丧气。使用模型19来分析你收到的负面反馈，并自己判断哪些言之有理，哪些是无稽之谈。对于不合理的批评，要么视而不见，要么自我辩护；对于合理的批评，则要采取行动消除其根源。记住，永远不要把批评个人化，反馈应该是对事不对人。如果这些反馈是针对个人的，其目的是为了伤害他人，则不要上当。把反馈记下来并等待时机解决。

　　许多管理者并不认为自己有责任提供创造性的想法和解决方案。他们认为创新的责任属于组织中有"创造力"的人。但是，如果不是你，这些有创造力的人又是谁呢？当今世界瞬息万变，企业需要有创造力的管理者来处理不断出现的复杂问题。你对自己业务领域的了解胜过任何人，这种了解是所有创造性解决方案的基点（参见模型20和21）。因此，你最好做好准备，卷起袖子加油干，否则你将被一些明白"创意和知识就是金钱"的管理者取而代之。

　　本章中的最后一种模型涉及"挽救你的工作"。我不确定这是否是对戈沙尔（Ghoshal）和布鲁赫（Bruch）所描述的模型的准确理解。大多数人从开始一份新工作的第一天起，就让老板、员工、同事以及遵守组织规范的压力来决定自己扮演的角色是什么，以及如何履行这些职责。你需要挣脱这个自我强加的桎梏，以你想要的方式进行管理。这需要自信，但如果不这样做，你永远也不会知道你可以成为一名多么出色的管理者。

模型 18　艾森豪威尔原则与决策授权（前 11 大模型）

> 用来确定哪些是你应该做出的决策，哪些是你应该委托的决策。

德怀特·D·艾森豪威尔（Dwight D. Eisenhower）总统是第二次世界大战期间盟军的最高指挥官，负责盟军登陆欧洲（D-Day），所以他对决策很在行。他有句名言："重要的事很少是紧急的，紧急的事很少是重要的。"

艾森豪威尔原则一直用于时间管理，但在这里提醒我们，并非所有的决策都是平等的，大多数决策你都可以委托给员工。

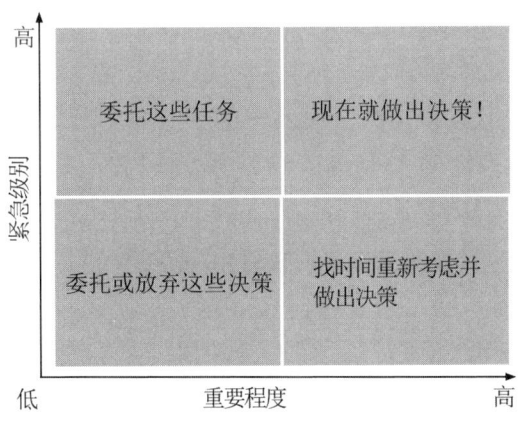

学以致用

■　使用艾森豪威尔表格来分析你上个月做出的决策，其中有多少决策是本应该委托给他人的？

■　不紧急也不重要的决策。你为什么要浪费时间和精力去做那些低于你薪酬水平的决策呢？这类决策可以委托给别人。

■ 紧急但不重要的决策。你应该把所有不重要的决策都委托出去，但是请记住，根据需要为员工提供指导（参见模型37）并监督其进展。如果委托的决策没有完成，现在变得很紧急，不要自己去接手，坚持让负责决策的人立即处理。委托不重要的决策也有要注意的地方，例如，对管理者或其他有影响力的利益相关者的任何请求，你最好还是亲自做出回应（参见模型14）。

■ 紧急且重要的决策。这些可能是你花费时间最多的决策。你的目标应该是减少这类决策的数量，可以通过把你必须做的所有重要决策按优先顺序排列，并记录下你在每项决策中的重要性。

■ 不紧急但重要的决策。这一类决策很重要，原因有二：①如果你不及时处理，最终会变成紧迫而重要的决策。②这些决策往往涉及团队或你职责范围内的潜在问题，如果你能及时发现问题，就能减少将来需要决策的问题数量。

■ 为了提高决策效率，你首先必须投入时间和精力来改变系统、程序和员工的态度。应在尽可能低的层级做出决策，不应让工作人员把决策推到最高层级（见模型1）。同样，应设立监督和控制系统，以确保决策在委托后能得到正确、及时的处理（见模型68）。

■ 要果断拒绝处理别人应该做出的决策。

问题反思

■ 从长远来看，如果我今天就着手处理，哪些不紧急但重要的决策能为我节省最多时间？

■ 我是否不自觉地鼓励员工把所有决策都交给我，因为这让我觉得自己很重要/感觉很好？

糟糕决策：西联汇款（Western Union）在1876年决定投资电报而不是电话作为未来的通信工具。

模型 19　反馈和批评连续体

用来提醒你，你不可能让所有的人都满意，所以请让你自己
满意。

当管理者就得脸皮厚一些。你的员工、老板、客户、供应商
和其他许多人都会批评你，并称之为反馈，所以要习惯，但是千
万不要让消极反馈和批评破坏你的自信心。

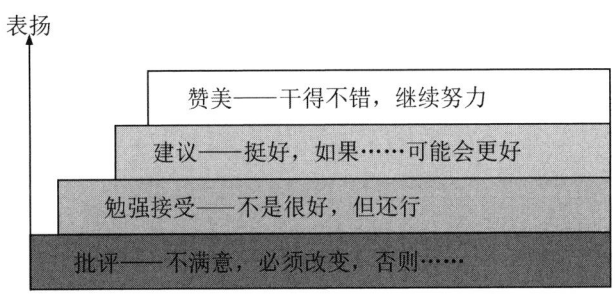

学以致用

■ 与模型 41 一起阅读。

■ 坚持让人私下反馈并且给你足够时间。

■ 把所说的话记下来。

■ 记住，给予反馈的人不是在批评你，他们是在批评你的行
为。你的行为不是你，所以不要把他们说的话当成针对你个人。

■ 放下你的争强好胜，什么也别说，不要老想着当对方停止
说话时你要说什么，只管倾听。

■ 如果你认为反馈和批评不公平，或者是基于事实错误或误
解，你有权拒绝。在这种情况下，要有主见，陈述自己的观点时

不要带愤怒或情绪。

■ 听听他们都说了些什么，有时间时把收到的反馈按照以上四种情况分类。

■ 赞美不是每天都有的。要学会优雅地接受，并考虑如何进一步提高自己的表现。

■ 建议旨在帮助你进一步提高。建议并不是批评，承认你的工作很好，但他们相信你有能力做得更好。不幸的是，他们表达反馈的方式可能会惹恼你。从语气中分辨出建议，然后采取行动。

■ 对你来说，要求高的管理者勉强接受你，可能比其他人滔滔不绝地赞美你更有意义。只有你才能知道管理者反馈背后的意图，但如果你在这件事上的表现确实只能勉强接受，就需要接受批评并采取行动。制定自己的改进计划，但是如果需要的话，可以和管理者谈谈，问一些具体的问题，这可以帮你弄明白准确答案。

■ 批评是有些管理者能够给出的唯一反馈形式。如果你在为这样的管理者工作，建议你开始着手寻找新的工作，因为随着时间的推移，你的自信心会被削弱。但是，如果管理者大部分时间能做到公平合理，那么就接受批评并采取行动。制订一份行动计划，与管理者展开讨论并根据需要进行修改。

问题反思

■ 你对批评有多敏感？

■ 如果高度敏感，那么敏感的原因是什么？为此你能做些什么？(见模型 24)

优秀决策：印度塔塔集团（Tata Group）决定为工人阶层生产一款售价不到 2000 英镑的汽车。他们的决策受到了批评，业界认为不可行，但出乎意料的是他们取得了巨大成功。

模型 20　学会跳出框框思考

用来提醒你，如果你没有创新，竞争对手会超越你。

奇思妙想没有绝对的捷径。许多最好的东西就像魔法一样从脑海中"蹦"出来，但很少有真正的魔法。正如种子不会在没有准备的土地上生长，创意通常也只会出现在有准备的头脑中。要培养出这样的头脑，需要不断地学习、思考、观察、试验、尝试和失败。

鼓励人们质疑和挑战现有实践、思维、行为和行为方式，新的想法往往就会产生。同样重要的是，要允许人们去想象和猜测什么东西也许或可能会出现。例如，在 20 世纪 60 年代，随便拿起一本科幻杂志，里面无不提到功能强大的计算机和/或无人驾驶汽车。计算机的出现已经有一段时间了，无人驾驶汽车也在逐步出现在人们的生活中。

然而，光有梦想和猜测还不够，管理者必须勇于试验、实践，甚至尝试失败。最初的失败往往是通向最终成功的桥梁。

学以致用

■ 从锻炼创造力开始。例如，挑战自己，找出普通物品（如回形针或砖块）的 20 到 50 种用途。

■ 看看智力测试杂志里面有关于创造力的章节。在亚马逊上搜索专门针对开发创造力的书籍。

■ 尽可能多地了解你想要创新的工作领域。例如，假设你想开发某部件的全新生产方法。与负责生产的经理、工程师和主管沟通，和你的设备供应商谈谈，然后与真正的专家、生产部件的工人、负责当前流程的工人以及最终用户充分交流。

■ 使用 SCAMPER（参见模型 16）来处理当前所做的事情。

■ 在你外出社交、看电影或电视、打游戏放松时，一定要睁大眼睛、竖起耳朵。新想法往往来自最意想不到的地方，诀窍在于要不断地寻找这样的机会，并在出现时认清其本质。

■ 如果突然产生奇思妙想，要立即写下来。不要总觉得"我会记得的"，我保证你一会儿会忘得一干二净。

■ 人在放松的时候，比如正要入睡或早上醒来时，好的想法就会涌现。所以在床边放一本便笺簿和一支铅笔。

■ 在想出像样的方案前，不要和任何人讨论你的想法。过早地宣布想法容易遭到质疑，你可能也会因此失去信心。或者想法会被人盗用，作家们懂得这些套路。

问题反思

■ 我是否认为自己应该对业务部门的创新负责？

■ 我最近做了什么来激发自己的创造力？

糟糕方案： 整整 19 年福特没有更新/改进 T 型车。在那段时间里，竞争对手不断创新并对客户的需求做出反应。结果是：福特的市场份额出现惊人的缩水。

模型 **21**　戈尔曼：利用情商做出更好的决策

> 利用这种模型可以帮助你更好地理解利益相关者对决策可能做出的反应。

　　丹尼尔·戈尔曼（Daniel goleman）关于情商的研究在很大程度上与坦南鲍姆和施密特（见模型 5）的决策风格连续体理论相一致。

戈尔曼关于高情商领导者和高效率决策者的五大特征：

自我意识：优秀的管理者知道自己几斤几两，了解自己的长处和短处，以及别人对他的看法和对策，这成为他们自信的基础，而自信对决策者来说必不可少。

自我调节：管理者必须意识到是什么触发了自己的非理性反应，并准备好在决策过程中控制好自己的破坏性情绪和冲动。

动机：高情商的管理者会因所从事的工作而受到激励。他们不需要外部的表扬/认可，这对任何一个决策者来说都是至关重要的品质，因为不可能总是每个人都满意。

同理心：优秀的管理者了解员工的情感构成，能够预测他们和其他利益相关者对特定决策的反应，并采取行动将不良反应降至最低。

社交技能：如果管理者想要影响他人并赢得支持，他们需要与员工、同事、管理层和所有利益相关者建立牢固的关系。

学以致用

　　■ 情商涉及态度、同理心和感受。你可以在书本中了解其原理，但光有书本知识不够，必须学以致用。通过每天练习，情商可以不断发展并改变你的思维方式，成为你的第二天性。

■ 在工作单位找一位愿意观察你行为举止的教练或导师，并在你尝试应用戈尔曼的五项原则时对你的进展情况给予反馈。

■ 情商关注的是态度和信念的改变，这绝非易事，在此过程中难免犯错。这就是为什么你必须在反思日志中将关键事件尽早记录下来。之后，你可以分析和评估这些事件，并分析你做得好与不好的方面，以及如果将来遇到类似的情况，你会采取什么不同的做法。

■ 执行一项决策时，试着站在利益相关者的角度考虑（参见模型 14）。换位思考来看待问题，想方设法减轻对方的恐惧感以赢得他们对你的想法的支持。

■ 如果对方仍然不同意你的观点，认真倾听对方所说的话。不要坐在那里想自己接下来要说什么，只管倾听，不要打断他们，也不要暗示你理解他们的感受，因为你做不到。许多人只是想得到倾听，想把观点说出来，即便没有被采纳，也能让人心满意足。

■ 同理心是理解别人的观点和处境，而不是同意他们的观点。不要违背你的原则。

问题反思

■ 关于情商的说法你觉得怎么样，是言之有理还是胡说八道？为什么？

■ 家人、朋友和员工认为你的情商如何？

优秀决策：沃尔特·迪斯尼决定听从妻子莉莲的意见，把他的老鼠叫做米奇而不是摩梯末（Mortimer），后者在 20 世纪 20 年代就已过时，而且缺乏米奇性格中隐含的那种乐观、积极的态度。

模型 22　戈沙尔和布鲁赫：挽救你的工作

用此模型来重新激活/启动你的管理生涯。

苏曼特拉·戈沙尔（Sumantra Ghoshal）和海克·布鲁赫（Heike Bruch）的研究发现，许多管理者认为自己被剥夺了自主权，在如何工作上缺乏判断力，而且缺乏权力。此外，他们觉得无法拒绝老板对他们提出的要求。

反过来，老板们抱怨说管理者看不到大局，不能把想法付诸实践，不能做出自己的判断，也不能使部门/单位的目标与组织的目标保持一致。最能说明问题的是，他们抱怨自己的管理者缺乏主动性，总是被动接受，而不是主动出击。

为了平息这些批评，重新挽救你的工作，需要解决以下三个方面的问题。

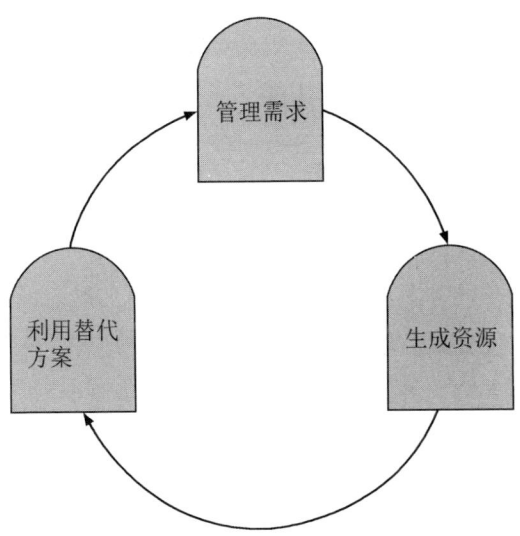

学以致用

■ 想想你对管理的态度。你是积极的管理者还是被动的管理者？如果你是被动的管理者，你需要摆脱束缚你的枷锁。参考模型 24 和模型 29，找找你成为被动管理者的原因。

■ 不要把忙碌和做一名好管理者混为一谈。永远不要让日常工作阻止你做重要的事情，设定好界限并坚持到底。看看艾森豪威尔关于"紧急"和"重要"的区别，用他的模型进行分析，把不重要的决策和任务都委托出去（见模型 18）。

■ 管理需求：低效的管理者根据日常压力决定自己该做什么。为了挽救你的工作，对于要做的事情以及做这件事需要花多少时间都要做好安排。从管理老板和利益相关者的期望开始（见模型 30），为常规工作和单次任务商定好既切合实际又具有挑战性的完成期限。

■ 生成资源：反应式管理者（reactive managers）认为，如果资源紧张或资源被占用，某些工作就无法完成。作为一名积极主动的管理者，必须学会深谋远虑。让自己的目标与公司的目标保持一致，这样有利于在公司裁员时受到保护，在资源充足时优先一步。此外，遵循排头兵模型（参见模型 50）中给出的建议，先完成一小部分，以表明整个计划值得资助/支持。

■ 利用替代方案：一般的管理者看不到大局，也无法找到实现目标的替代方案。作为一名积极主动的管理者，你必须成为你所在领域的专家，并对其他部门和单位的情况一清二楚。这样，一旦问题出现，你就有解决问题所需的详细信息。

■ 无论什么时候，一旦要走弯路，做好两手准备：既要有实现当前目标的方法，也要寻找新的可用机会。

问题反思

■ 我够积极主动吗？

■ 我是否有一份列出所有目标和完成期限的完整清单，并按重要程度进行分析？

糟糕决策：20 世纪 80 年代，大型计算机市场随着个人电脑需求的增加而逐渐萎缩，IBM 未能正视这一现实。

总结

前 11 大模型

毫无疑问，艾森豪威尔原则将入选"前 11 大模型"。像许多伟大的管理者一样，他意识到为了做重要的事情，必须避免陷入不重要的事情。

此外，他的原则不仅为应该做的决策和应该委托的决策提供了很好的指导，还可以用来确定哪些是应该做的工作，哪些是应该委派的工作。很多管理者每天都要处理应该由别人处理的任务，他们将忙碌和高效混为一谈。你的时间有限，需要把它花在重要的工作和决策上，而不是去做基层职员就能完成的工作。

如果你总是忧心忡忡，必须学会信任和支持员工。为了支持员工并让自己放心，可使用情境领导模型（见模型 37）来培养和监督员工。

决策者/管理者所需要的最重要特质就是自信。如果你不相信自己，别人为什么要相信你呢？但自信又是脆弱的，尤其是在年轻人当中。使用反馈和批评连续体模型（参见模型 19）作为分析批评的一种方法。对于好的建议欣然接受，对于那些只会让你紧张或者让你原地踏步的建议可置之不理。通常情况下，如果有人提出不公平的批评，往往是因为对方害怕你。

寻找有创意的方法来解决工作领域的问题。一开始可能创意不多，但是要记住，创意只会出现在有准备的头脑中。过不了多久，你就会发现创意不断涌现，尤其是在员工参与决策后。要把功劳归于想出主意的员工或团队，否则就会破坏员工对你的信任，而这是情商的基石所在。

最后，考虑一下重新塑造自己的管理者形象。你不需要采取颠覆性的方法，可以循序渐进地进行。不过，就像做任何决策一样，需要确定你的最终目标。所以，花点时间去想想自己希望成为什么样的管理者，制定实现目标的策略/时间表，然后付诸行动，在达到目标之前不轻言放弃。

第四章

关于你自己的
决策模型

简介

　　"认识你自己"这句话刻在德尔菲阿波罗神庙大门上，就像许多格言一样看似简单，实则孕育着深刻的含义。有人认为这句话意在告诫人们不要在意他人的评价，因为智者知道自己的真实情况（好的和坏的），清楚自己的真正价值。另一种解释是，这是对那些对自己是谁或自己怎么样不甚了解的人（有点像《英国达人秀》上那些不抱希望的人）的一个警告，让他们醒悟过来面对现实。

　　要成为一名优秀的决策者，必须"认识你自己"。你需要知道你代表什么，是什么让你成为现在的你。只有这样，才能成为一名真正高效的决策者。为什么这一点如此重要？因为你做出的每一项决策都在潜意识中受到你的个性、信仰、态度和过往经历的影响。为了在此时此地做出最好的决定，你需要知道过往经历如何影响你现在的思维和决策过程。只有这样，你才能理解自己的偏见。

　　此外，如果你真正了解自己，就能够应对每位管理者和决策者都会遭遇的批评和事后质疑。人身攻击和批评不会令你气馁，因为了解自己可以培养自信，减少你对他人认可的需求。

　　在研究这些模型时，你必须要对自己以诚相待。如果你承认自己有时候把工作看得比家庭和朋友更重要，那么就没有人会对你另眼相看或指手画脚，因为你本来就是如此。如果你对自己撒谎，你永远不会理解什么因素会影响你的决策。你从上述模型中得到的一些领悟可能会让你感到不舒服，果真如此，那是好的征兆，这意味着你深刻理解了这些观念，并思考了自己多年来所做选择和决定的真正原因。

通过这一部分的学习，你从中得到的领悟会帮助你成为更好的管理者。因为，通过了解自己，你能更好地理解你的员工及其态度、梦想、自我障碍、恐惧和动机。了解这些让你能够与他们产生共鸣，并在此过程中建立起牢固而有效的工作关系，同时确定最有可能激励他们的因素（见模型 27 和 40）。

模型 23　克里斯滕森的幸福生活战略

用此模型来确定你的"生活原则"，并用来指导你的决策。

哈佛商学院教授克莱顿·克里斯腾森（Clayton M. Christensen）以鼓励学生制定生活策略而闻名。他认为这种策略可以用来提醒人们什么才是真正重要的，并帮助他们实现过上富有成效、幸福美满生活的最终目标。

为了帮助学生入门，克里斯滕森提出了三个问题：

1. 工作中什么令我快乐？

2. 我怎样才能过上幸福美满的家庭生活？

3. 我如何能在所有事情上既遵守原则，又保持正直？

从本质上说，他的理论基于这样一种观点，即如果一个人在工作中得到满足感，拥有幸福美满的家庭生活，并按照自己设定的原则生活，很可能就会感到心满意足。

学以致用

■ 从人生终点开始，撰写自己的墓志铭。注意要言简意赅，想想你希望在别人心目中留下怎样的回忆，比如，你对孩子的舐犊深情。用墓志铭来指导生活中的重要决定，并帮助回答克里斯腾森的问题。

■ 我怎样才能在职业生涯中保持快乐呢？克里斯腾森同意赫茨伯格（Herzberg）的观点（见模型 40），激励人们的不是金钱、权力或职位，而是快乐有趣、收获满满的工作。工作能让人们大显身手，并让他们觉得在做一些鼓舞人心的事情上有一定程度的自主权。如果你的工作不能满足这些需求，应该考虑去继续寻找。

■ 我怎样才能享有幸福美满的家庭生活？创造幸福的家庭生活有许多要素，其中之一便是在工作和家庭之间保持适当的平衡。确定如何在两者之间分配时间并持之以恒，定期去审视自己的时间分配，并记住这种分配会随着职业生涯的起步、稳定和最终走下坡路（抱歉，事情往往就是这样）而有所改变。

■ 对待家人和朋友永远要胜过对待工作中的同事和其他陌生人。和家人朋友在一起时，不要"葛优躺"看电视。多与他们交流，更重要的是倾听。让你的伴侣、孩子和朋友，而不是你自己成为每次交谈的中心。倾听他们的心声说明你关心在意他们的生活。

■ 我怎样才能遵守原则并保持正直？首先需要确定你的原则。正如每个摇滚乐队都是从模仿偶像开始一样，你也需要找到一个可以模仿的"偶像"。过段时间，你会发现你对"偶像"特征的模仿会不停增减和修正，你自己的"独特嗓音"会逐渐显现出来。

■ 不要试图以"就这一次"为借口去违背原则。任何原则只要违背一次，就很容易出现下一次。原则的数量不宜太多，尽可能保持在最低限度，但你可以为了坚守原则而心甘情愿放弃工作。任何在你遇到困难就会放弃的东西，都不算原则，最多只是指导准则。

问题反思

■ 有什么原则是即便要你放弃工作也不会违背的吗？

■ 组织中谁可以成为我的榜样？

优秀决策：乔纳斯·索尔克（Jonas Salk）博士决定挑战当时的医学正统，用"灭活病毒"生产脊髓灰质炎疫苗。于是他在1954年研制出第一种脊髓灰质炎疫苗，比坚持使用病毒活菌株的主要竞争对手早了7年。

模型 24 处理好过往经历：烦恼和成功

> 用来确定过去的事件和经历如何影响今天的你。

决策关乎未来，但是过去发生在你身上的事情会影响你现在的想法和行为。日积月累的信念、熏陶、感觉、想法和个人建构会显著影响你现在所做的决策，这些影响往往在不知不觉中发生。下述过程可帮助你确定哪些因素可能会继续对你产生影响，一旦发现后可以设法应对。

学以致用

■ 准备四份关于"烦恼"和"成功"的清单，按照以下主题列出：家庭、社会、教育和工作。在每张纸中间画一条线，在左边列出"烦恼"，右边列出"成功"。

■ 列出所有对你有持久影响的事件和人物，先把所有的都列出来，如果必要的话，给每个因素列出相应分值，以体现其在你身上产生的情感力量。例如，在"教育"主题下可以列出：

烦恼	成功
初中老师认为我很笨，因为我识字晚（10/10）	考试成绩得 A（8/10）
上初中时感觉自己在社交和智力方面不如其他同学（8/10）	初中上学第一周，有位老师说我很聪明，但需要加倍努力学习（9/10）
在初中和高中低年级时受到其他孩子欺负（6/10）	初中运动会获得奖牌（7/10）

■ 一旦完成清单，排除那些虽存在记忆中，但不会影响当前思维的因素。

■ 剩下的就是影响你当前行为的事件列表，这些事情已经内化于心，一旦做出决策或处理任何问题，它们都会发挥作用。

■ 为了确定某特定事件如何影响你的决策，你需要做一些分析。例如，如果你在初中有过负面经历，可以问问自己：我一直在寻找安慰吗？我缺乏自信吗？我是完美主义者吗？显然，对这些问题中的任何一个说"是"都会影响你的决策方式。

■ 一旦意识到这些影响，你可以：

——确定自己是否应该继续忍受以往烦恼的影响。如果过去的某个烦恼依然对你造成障碍或让你痛苦，弃而远之。你可能需要一点时间，但先要走出阴影，你可以狠狠踩一脚，有意识地让烦恼离你而去，通过积极的自我沟通来帮助自己。

——抓住成功的喜悦，以此来增强你的自信，但确保不要变得心高气傲、过度自信或鲁莽行事。

——确定哪些是你不想消除或无法消除的因素，一一例举出来。每当做出决定时，在思考/最终决策中有意识地加以考量。

问题反思

■ 在你初为人母、登上讲台或晋升为管理者时，有哪些权威人物对你产生过影响。你现在还相信他们当初说的话吗？如果是，原因是什么？

■ 你能做到坦然接受他人对你的负面反馈或批评，但却拒绝他人的表扬吗？

糟糕决策：在对铁路未来的作用进行研究后，英国在 20 世纪 60 年代初决定实施"比钦计划"（Beaching Plan）。大约 2360 个车站和 5000 英里的铁路线被废止。这导致货物从铁路运输转移到公路运输，数百万人从乘坐火车改为乘坐汽车。

模型 25 处理两难困境

用来帮助你在两个行动方案之间做出选择或解决两难困境。

我们都曾面临过两种或两种以上相互抵触的选择，如：要么走要么留，要么原地踏步要么放手一搏，要么勇闯北上广要么留守家乡。

下面介绍的方法看似简单，但如果使用得当，可以帮助你解决个人困境，并为你提供要遵循的行动方案。

乍一看，这个模型就像一个简单案例，要你列出所做决策的优缺点。其实，目的是要列出发挥作用的因素，这些因素不能说是好还是坏，只是与你相关。在处理困境时，确实没有好坏因素之分。

学以致用

■ 为了这项训练的需要，让我们先假设你还没有决定是否接受一份需要你搬家到 150 英里（1 英里＝1.609 千米）外的新工作。

■ 拿出一张纸，在中间画一条线。在左边栏列出所有制约你的因素；在右边列表列出所有吸引你的因素。如果你要在三个选项之间做出选择，可以再添加一列。

■ 先写下你能想到的所有因素，无关紧要的、重要的和绝对重要的。在 24 小时内写下清单，记下脑海中浮现出来的新问题。

■ 找个地方坐下来，拿出清单给每项因素打分。单个因素的得分没有限制，如果有多个因素得分相同也没关系。

■ 如果有一两个因素的得分比其他因素高出一大截，那就把注意力集中在这些因素上。例如，假如搬到 150 英里之外可以获得新工作（吸引力：110），但你的伴侣又拒绝搬家（制约力：100），需要你在两者之间做出选择，那么所有其他因素都可能变得无关紧要。你需要决定哪个更重要，是工作还是伴侣。一旦你做出决定，答案也就一目了然。

■ 如果没有得分特别高的因素让你朝某个方向倾斜，那就把这左右两列各项因素得分分别加起来。假设制约因素总得分是110，吸引因素总得分是130。很明显，吸引因素这边更具有优势。不过，即便有数据支撑，你依然有所疑虑该怎么办？你需要重温一下各项因素的分值，你对自己完全实事求是吗？你是不是夸大了吸引你的因素？因为你觉得对于有抱负的管理者来说，定期调动是正常的。抑或是你低估了制约因素？

■ 你对最终分数的感受和反应可能比实际结果更重要。事实上，这项训练的真正价值在于你确认和评估每项因素的结构化过程。这样有组织的过程让你对每一项因素进行了仔细考虑，让你能够比所有问题都在你头脑中杂乱无章时做出更明智的决策。

问题反思

■ 对于有些决策，比如换工作，我是否应该和伴侣一起完成这种模型练习？

■ 有没有人能帮我找出可能遗漏的问题？

优秀决策：约翰·保罗·盖蒂（John Paul Getty）决定在美国建立全国性的加油站网络，而当时汽车主要还只是富人的专利。

模型 26 伦理决策

> 用来检查你的决策是否符合伦理。

斯坦利·米尔格拉姆（Stanley Milgram）关于服从权威人物的著名实验始于 20 世纪 60 年代初。实验意在测试在权威人士的命令下，有关人员是否会让"虚假实验"的参与者接受可能致命的电击。结果似乎表明他们会这样做，因为他们觉得"只是在服从命令"。以前在哪里听说过吗？

希望永远不会有人要求你去电击某人。但是，在你的管理生涯中有些时候你会面临具有伦理影响的决策。除非你知道自己为谁代言，否则可能为任何人代言。为了避免这种情况，你需要建立自己的伦理框架。

上网查查，你会发现数以千计的管理者和企业应该遵守的伦理清单，许多清单复杂而又冗长。下面提出的六个问题构成一份简单易行的清单，涵盖了你应该考虑的主要问题。

学以致用

■ 使用以下清单来确定你的决策是否合乎伦理：

——决策合法吗？显而易见却又常被忽略的问题。操纵伦敦银行间同业拆借利率（Libor）的银行家就没有提出合法性问题，结果现在正面临长期监禁。

——决策会伤害任何利益相关者吗？你在多大程度上考虑过决策可能对组织、员工和其他利益相关者产生的负面影响？如果出现负面影响，作为决策过程的一部分，你做了什么来消除或减少影响？你考虑过其他行动方案吗？

——决策对所有受影响的利益相关者公平吗？你是公平对待所有受决策影响的人，还是优先考虑一个或多个群体？如果利益相关者同意你的想法，他们会不会觉得你对所有相关人员都一视同仁？

——决策是否会损害更广泛的人群/环境？你考虑过决策会对公众和环境产生什么影响吗？有什么策略来使其最小化甚至消除这些影响？

——决策过程透明吗？你在多大程度上向其他人，尤其是对那些受决策影响的人解释/分享过决策过程？你会乐意让员工和大众知晓你决策的相关细节，以及决策时考虑的因素吗？

——是否就决策可能产生的影响进行了广泛讨论？你征求意见的人群是否足够多样化？有没有征求和考虑反对者的意见？

■ 面临伦理困境时，请找一位受人尊敬且以正直著称的管理者进行讨论。

■ 如果你确实遇到了伦理困境，应该考虑如何消除或将其影响最小化。这可能需要你重新考虑决策并做出不同选择，导致耗费额外的时间和金钱，但这就是坚守伦理原则需要付出的代价。

问题反思

■ 我的决策是否有高尚的理由，可以证明其对他人的负面影响是正当的？

■ 面临棘手的伦理问题时，我可以与组织中的谁进行沟通？

糟糕决策： 在 19 世纪 50 年代埃德温·德雷克（Edwin Drake）首次使用机械化钻井机钻出石油，但他决定不去申请专利，结果付出了数百万美元的代价。

模型 27　马斯洛的需求、愿望和梦想层次

> 此模型用来提醒你，需求、愿望和梦想会影响决策。

马斯洛（Maslow）的著名理论基于 20 世纪 40 年代和 20 世纪 50 年代他在美国对白人、男性、盎格鲁撒克逊人、新教徒和中层管理人员等进行的研究。这意味着在 21 世纪，面对不太富裕/更多样化的群体时，需谨慎使用。

实现自我：充分发挥潜力	梦想（Dreams）
自尊心：自信，满意，受到同龄人/家庭的尊重	愿望（Wants）
归属感：归属感和被爱感	
安全感：免于遭受外部威胁带来的恐惧	需求（Needs）
生理需要：基本生存需求，如食物、水、取暖等得到满足	

关键指标

需求：与个人生存所需相关，即食物、水、住所、免受身体威胁或伤害等。

愿望：涉及个人在家庭/社区的归属感，享有某种程度的地位、认可和尊重的愿望。

梦想：个人从事某项活动时想要达到快乐和满足的巅峰。

学以致用

■ 要知道工作可用来满足需求（例如生活工资）和愿望（例如归属感和社会认可）。如果你够幸运的话，也可以通过工作来实现梦想，实现自我。

■ 要知道有些职业，如表演、音乐、写作、医学和科学研究

等，比其他职业给人们提供了更多实现自我的机会。从事"普通工作"的人往往通过家庭或社会生活来追求自己的梦想。当然，这并不意味着你不能从"普通工作"中感受到巨大的成就感。你应该为自己和员工创造"在心流中工作（Work in the Flow）"的机会（见模型 28）。

　　■ 和其他人一样，你有一套自己独特的需求、愿望和梦想。其中一些你可能不想和其他人分享，但是你需要对自己坦诚相待。找张纸列出自己的需求、愿望和梦想。尽可能列具体一点，比如年薪要 6 万英镑，然后确定哪些需求和愿望目前没有得到满足或仅部分得到满足。

　　■ 将获得的信息填入相应的需求层级，这样你也有一份真正属于自己而不是别人告诉你的需求和愿望清单。

　　■ 这份清单应该会让你明白对职业生涯和所从事的活动该如何决策。用这份清单来明确你真正的个人目标（见模型 68），停止追求那些你希望会让生活更完整但永远不会实现的事情。

　　■ 至于自我实现/梦想，这可能源于你在工作中付出的努力，也可能源于外部活动，如经营一家儿童足球俱乐部、为慈善机构筹款或在当地场馆演唱。自我实现的时刻难以捉摸，并且往往在你最意想不到的时候到来，同样也转瞬即逝，因为那是由大脑建构的主观的、不稳定的状态。但是请记住，无论从事何种职业，如果你能在"心流中工作"，就可以享受高峰体验的时刻（见模型 28）。

问题反思

　　■ 列出你生活中最重要的五个时刻，其中有多少发生在工作中？

■ 你有什么未实现的、秘密的需求、愿望和梦想?

优秀决策: 1977 年, 本 (Ben) 和杰里 (Jerry) 决定投资 5 美元参加如何制作冰淇淋的函授课程, 由此建立了他们的冰淇淋帝国。

模型 28　米哈里·契克森米哈赖的心流模型和处于专注状态的工作乐趣

在你需要做出最好的作品或者希望提高工作乐趣时使用。

美国心理学家米哈里·契克森米哈赖（Mihaly Csikszentmihalyi）指出，虽然人人想要快乐，但许多人对于什么真正给他们带来快乐几乎一无所知。他们追逐掌声、名誉、金钱以及许许多多他们自认为会带来快乐的东西，可得到这些后却发现依然不快乐。

在对一千多名参与者进行研究后，契克森米哈赖确定了五大因素，如果工作包含这些因素，人们便会感到快乐。

这五种因素包括：

1. 需要注意力高度集中；

2. 个人可以对如何完成任务行使自主权；

3. 工作任务具有挑战性但又不会太难完成；

4. 有明确目标/成功标准；

5. 能收到即时反馈。

如果包含这些因素，人们就会享受所做的事情，会沉浸在任务中，并在任务完成时感到极大的满足感/成就感。通常演员、音乐家、艺术家、科学家、外科医生和其他专业人士需要心无旁骛地专注于正在做的事情，他们最有可能享受到最大的幸福感。契克森米哈赖将这种状态描述为"在心流中（being in the flow）"；有些人也称之为"在专注中（being in the zone）"。

学以致用

■ 全神贯注是处于"心流中"的关键。然而，对于忙忙碌碌的管理者来说，找到时间专注于任何事情，哪怕只是几分钟，都会是一个挑战。找个地方，远离人群，远离电话和电子邮件的干扰，以便可以不间断地工作。

■ 选择一项至少需要一小时才能完成的任务，确保该项任务具有挑战性但又切实可行。明确目标，比如为上级撰写一份两页的报告以清晰描述与某项目相关的问题。

■ 离开办公室，去你的"世外桃源"撰写这份报告。

■ 开始撰写报告，然后编辑润色，直到满意为止，最后检查是否达到了预定的标准。

■ 即便每周只能采用这种方法工作两到三次，对工作的满意度也会显著提高。

■ 群策群力完成一项所有相关人员都感兴趣且目标明确并具有挑战性的重要任务，定期向所有相关人员进行反馈，你也可以获得类似的满足感。

■ 要知道，就像你喜欢处于"心流"之中一样，长时间不间断地专注于一项重要任务，这种机会也会会让员工受益匪浅。他们工作满意度的提高会带来其他工作领域生产率的提高。

问题反思

■ 我最后一次真正全神贯注于一项任务是什么时候？感觉如何？

■ 为了体验心流方法，我会愿意选择哪些工作任务？

糟糕决策：杰拉尔德·拉特纳（Gerald Ratner）在演讲时，把公司虽打折出售但却最为畅销的细颈瓶饰品描述为"纯粹的垃圾"，导致拉特纳珠宝店帝国的崩塌。

模型 29　乔哈里视窗：个性指南

用来识别那些隐藏的性格特征。

乔哈里视窗（Johari Windows）是其创始人乔瑟夫·卢夫特（Joseph Luft）和哈里·英格姆（Harry Ingham）名字的缩写。该模型可帮助我们了解自己的真实面貌。卢夫特和英格姆使用四窗格视窗（four-paned window）比喻，以显示我们如何对自己和他人隐藏自身性格的各个方面。

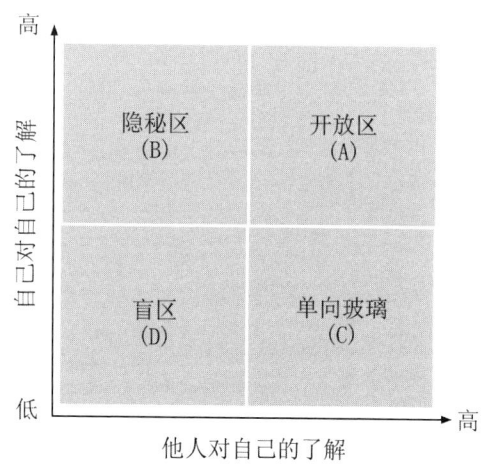

图表解释
开放区（A）：自己了解并愿意与他人分享的东西。
隐秘区（B）：自己了解但不愿意与他人分享的东西。
单向玻璃（C）：自己不了解但别人了解的东西。
盲区（D）：自己和其他人都不了解的东西。

学以致用

■ 在网上完成一份乔哈里视窗问卷，并请了解你的人也完成一份关于你的问卷。

■ 使用以上问卷调查的结果作为讨论的基础。

■ 为了确保结果有效，必须要接受别人对你的评价（见模型 19），接受其给出的反馈，并用来理解你的个性如何影响你的决策过程。例如，如果其他人认为你容易冲动或者斤斤计较，你需要了解清楚并采取措施。

■ 私下思考每个象限的内容。

——在象限 A（开放区）中列出一系列形容词，用于概括你的性格。列表越全面，可以构建的形象就越详细。因此，在朋友的帮助下完成这个象限，你可能会惊讶地发现，别人描述你时，你认为无关紧要的一些特征在他们的脑海中显得很突出。

——不过有些事情你不想让别人知道，这便是象限 B（隐秘区）中的问题。你可能想独自完成这个象限。这时你可以考虑一下你为什么不愿意和别人分享这些信息。你是想通过分享以便与亲密朋友或家人建立更好的关系，还是想让那些丑陋、恐惧的事情成为过往？

——和你信任并且非常了解你的人一起完成象限 C（单向玻璃）。不要和对方争论，即使你不同意他对你的评价。那便是他（可能还有其他人）看待你的方式，可能会伤害你的自尊心，但这就是你展示给世人的形象。如果你不喜欢，请采取措施改变自己。

——象限 D（盲区）很棘手。你怎么知道未知的事情？然而，在压力巨大或快乐无比的时刻，你个性的某些方面会突然爆发，这是你以前没有意识到的。例如，道德或身体方面的勇敢/懦弱、同情、恶意、潜力等。试着记住这种情况发生在你身上的每个时刻，并将其记录在反思日志里。

问题反思

■ 我愿意向别人透露多少关于我自己的信息？

■ 我对谁有足够的信任，以至可以和他一起来完成这个练习？

> **优秀决策：** 在产品的设计和"体验"上投入比竞争对手更多的时间和金钱，这便是苹果的战略决策。

模型 30 管理不切实际的期望（前 11 大模型）

用来降低你肩负的期望，然后超额完成任务。

这个世界上潜力未被发掘的人多如牛毛。是这样吗？

听过有人说你有潜力吗？谁告诉你的？是老师、导师还是雇主？他们告诉你的时候你几岁，16、18、21 还是年龄更大的时候？为了激励你，他们把期望寄托在你身上。不幸的是，有些人一生都在努力不辜负好心的父母、老师和经理对他们的期望。

有两种期望需要管理：
1. 自己的期望
2. 他人的期望

在职场，如果你一直没有达到管理者和组织中其他有影响力的人对你的期望，你会被认为是一个失败者。为了避免这种情况发生，你必须管理人们对你的期望，让他们的期望与你自己的期望相一致。当然，你可能还要去挫败人们对你的负面期望。例如，达斯汀·霍夫曼和吉恩·哈克曼在帕萨迪纳剧院训练时一起被评为"最不可能成功的演员"，但他们从来没有对自己的能力失去信心，并且非常乐于挫败同学们对他们的负面期望。

学以致用

■ 不要相信别人对你的评价，无论是好的评价还是坏的评价，你自己知道你的潜力几何。确立一套目的和目标，标准可以高些但又在能力范围内（见模型 68）。每年审视这些目标。

■ 如果你得知人们对你期望很高，要努力降低他们对你的期望值。例如，你的老板说："你就是负责这个项目的不二人选，请在 6 周内完成。"不要因为一点点奉承感到飘飘然，接受在规定时间内不可能完成的任务。用几天时间先把需要做的工作了解清楚，制订更切合实际的时间表，然后再去和老板解释为什么你需要 9 周时间，而不是 6 周。

■ 降低了期望值之后，你就可以考虑提前完工了，也就是说你在 8 周内完成项目，而不是约定的 9 周。一转眼，你在截止日期前完成了项目，而不是超过最后期限两周时间。

■ 永远不要接受不可能完成任务的时间期限。

■ 可悲的是，生活中许多人对时间的充足性会有错觉。这些人通常碌碌无能，但自我膨胀起来就好像自己是宇宙无敌英雄奥特曼。在某段时间内，这些人可能会被视为潜力股，但是时间会让那些被蒙蔽的人认清他们的真面目。不要和这种人较劲，他们或许还会横行一阵子，但时间会让他们露出狐狸尾巴。

■ 接受任务（见模型 22），同时又要与管理者商定合理且又具有挑战性的最后期限和目标。

问题反思

■ 你想达到谁的期望，你自己的还是别人的？

■ 在与老板协商时间表、工作量和职责范围时，你需要更加自信点吗？

糟糕决策：英国航空公司在 20 世纪 80 年代决定从尾翼上去掉英国国旗标志，代之以抽象艺术，这令许多顾客感到恼火，也破坏了其在全球范围的品牌形象。

模型 31　你的风险偏好

用来确定你对风险的态度。

　　决策总是基于不完整信息。因此，所有决策都包含一定程度的风险。作为一名管理者，你的风险状况必须与所在机构的风险状况相符，这一点至关重要。如果你谨慎行事，而企业中却全是冒险分子，你会发现在这样的文化中很难取得成功。要了解你与企业是否相容，需要先了解你和企业的风险偏好程度。

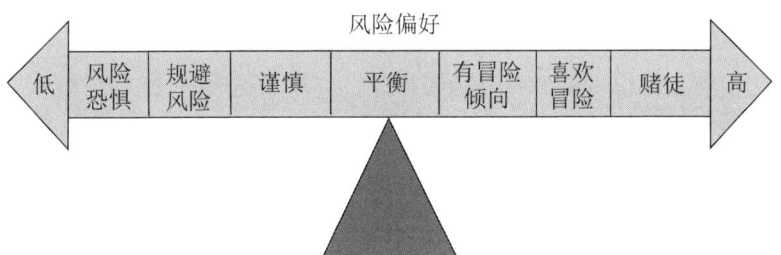

学以致用

　　■ 网上有一些调查问卷可以帮助你确定自己对风险的态度，不过我建议你分析一下你在过去 3~6 个月内做出的 3 项决策，高、中、低风险的决策各选择一个。

　　■ 从最重要的几个方面开始分析每项决策：

　　——你花了多长时间来做决策？

　　——以 1~10 作为指数范围，用 10 表示你因为提心吊胆而度过 10 个不眠之夜。你对这项决策的担心指数是多少？

　　——你从经历中学到了什么有价值的东西吗？你的决策方式有所改变吗？

■ 每个问题都按以下同样的步骤，然后分析你的答案，你可能会有些新发现：

——"我偏爱中低风险的决策，害怕高风险的决策。"想想这是因为你厌恶风险，还是因为缺乏经验。

——"最低级别的除外，其他所有决策我几乎都担心。"如果是这样，你能找出担心的原因吗（见模型 24）？

——在做出决策过了很久之后，我脑海里依然会思考这项决策。

——经常玩俄罗斯轮盘赌的人和我比起来都成了规避风险的懦夫。

■ 根据分析，确定你自己的风险偏好程度。根据决策的重要性程度，你很可能会有不同的描述。如果是这样的话，把 3 项决策的分析图都画出来。

■ 对组织在同期内做出的决策进行同样步骤的分析，并将结果绘制在频谱图上。

■ 将你的风险状况与组织的风险状况进行比较。如果相比公司，你过于谨慎或过于冒险，都应该考虑改变你的决策方法或跳槽。

■ 很难说你能在多大程度上改变自己的风险状况。如果你和组织之间的风险状况差异很小，应该能够通过就如何处理决策制定一些基本规则来修正你的行为（见模型 1）。你还会发现，决策的信心会随着经验的积累而增强。

问题反思

■ 其他人（家人、朋友、同事）认为你是一位冒险者吗？

■ 在组织中，谁是高高在上的管理者？他们对风险持什么态度？

> **优秀决策**：埃尔诺·鲁比克（Erno Rubik）相信公众会对他的 3D 数学难题感兴趣，决定授权理想玩具公司（Ideal Toy Corporation）生产和销售他的鲁比克立方体（Rubik's Cube）。

模型 32　决定何时弃船而逃

用来确定什么时候出局！

这个模型涉及学会自保。是的，忠于一个组织是件好事，但是你需要知道什么时候从一艘正在下沉的船上脱身。组织在崩溃前会显露出种种危险迹象，不幸的是，并非每个人都能获得和这些危险相关的组织战略和财务信号，但还是有迹可循。一旦发现这些迹象，你要做出决定，即"是继续坚守还是弃船而逃？"

说明组织正处于崩溃边缘的种种迹象
高管和董事会无力面对现实并做出必要变革。相反，他们谈论的是永远无法实现的宏伟蓝图。
很难从老板那里得到与公司及其未来问题相关的直接答案。
有迹象表明董事长的自尊心正在失控，如为了提高自己的知名度，他沉迷于虚荣计划，比如收购一家足球俱乐部。
董事会成员或董事股票的高换手率，1929 年 10 月华尔街股市抛售在公司上演。
年度账目的公布延误，审计员拒绝签字，更糟糕的是他们拍屁股走人了。
管理层拒绝听取财务总监的意见，淡化财务信息的重要性，使用"财务问题是暂时的，要着眼大局"等典型托词。在这种情况下，所谓的大局通常是要面临审查或破产。
一线员工工作不足，订单减少，客户投诉增加。
难以获得供货，或供应商抱怨不能按时得到货款。
没有任何长期战略决策的迹象。

学以致用

- 提前做好准备以备不时之需。在组织内外建立关系网，一旦失业，关系网可能会让你获益良多。

- 亨弗莱·鲍嘉是伟大的电影演员，但并不是一个讨人喜欢的人。他总是想让每个电影总监知道，一旦他们炒掉他，他会怎么办，为此他建立了他所谓的"去你的基金（应急基金）"。你需要一个类似的基金，计算出你每月基本开支，将相当于开支3~6倍的钱存起来。如果可能的话再多存些，这样你总会有一些现金可备不时之需。

- 保持自己的适销性。即使你不想换工作，每年至少参加一次面试。你需要保持状态才能通过面试，所以保持练习。如果接下来的面试是你五年来的第一次面试，那会让你望而生畏——尤其是在你迫切需要这份工作时。

- 不断提升你的专业知识和技能，你最大的资产是你自己。所以投资于你自己的专业发展。

- 关注财经媒体/网站上关于你所在企业的负面报道。

- 如果你发现3篇甚至更多负面报道，开始挖掘你的逃生通道吧——马上去投简历。

- 如果为新工作而搬家对你来说不可行，那就坚持到底，看看应该从企业或国家得到多少裁员补贴。

问题反思

- 组织中有谁值得信任，可以告诉我到底发生了什么？
- 我的外部商业关系网怎么样？

糟糕决策：克莱夫·辛克莱爵士（Sir Clive Sinclair）的 ZX 电脑获得了巨大成功，后续产品辛克莱 C-5 单人车却一败涂地，因为他懂电脑，但对汽车一无所知。

总结

前 11 大模型

对于任何人，如果你想扼杀他在管理领域的职业生涯，最快的方法就是暗示他没有发挥出潜力。这种说法意味着他们性格中有某种弱点或缺陷，阻止他们"成为他们所能成为的一切"。正是因为"管理不切实际的期望（模型 30）"提供了避免这种判断的策略，所以我将其选为前 11 大模型之一。

人们经常把管理者挑出来作为观察对象，从那时起，管理者就像是活在显微镜下。他们的每一项行动都被观察和评估。胜利时他们很少得到应得的赞扬，因为在人们的意料之中，但小小的失败便会成为懦弱无能的代表。很少有被给予厚望的人最后能到达顶峰，这有什么奇怪吗？

"管理不切实际的期望"模型提供了一种策略，管理者可以用来避免仅仅因为无法达到他人的期望而成为"失败者"。实际上，这种模型认为你应该降低承诺并提前完成任务。为了做到这一点，你需要去影响为你设定的目标和时间期限。这意味着你要去与管理者/董事会商谈，并且要自信满满。

本章中的模型涉及的问题广泛，但基本上都是关于你自己的问题，探索你是如何成为现在的你，你的个性，你喜欢和不喜欢的工作的方面，以及你真正想要从工作和生活中得到什么。理解这些因素对任何决策者都很重要，因为这无疑会影响你的决策过程。

在调查研究中，研究人员通常会认为调查对象的偏见不可避免。事实上，研究者自己存在的偏见更为明显。想想看，研究人员的偏见始于他们对研究课题的选择和数据收集方法的选择，并最终影响其研究成果的记录。

作为管理者你和别人并没有什么不同，不是每次都会以开放的心态去面对问题。一旦发现问题，你就会开始考虑可能的原因和最佳的解决方法。这很自然，但确实意味着有时你会忽略一些明显的东西，会对与你最初观点不符的数据视而不见。

利用本章内容来了解你的个人历史和性格如何影响你对决策的思考。退后一步问问自己：

■ 在这个问题上我有盲点吗？如果有的话，谁能告诉我，我错过了什么？

■ 我给这项决策带来了什么偏见？我能做些什么来加以补偿？

■ 我错过了什么显而易见的东西吗？

第五章

关于他人的决策模型

简介

作为一名管理者，日常工作中做出的最重要的决策往往与任命和晋升相关。确定聘用人选造成的财务影响很大，除了薪水，你任命的每个人都会在养老金、税收、医疗和办公等方面产生额外费用。除此之外，每个员工都会对组织的财务和劳资关系产生积极或消极的影响。当然，只要员工的名字还在工资单上，所有这些费用都会反复产生。如果做出了错误的招聘决定，付出的代价会非常昂贵。

此外，决策并没有随着对这名员工的任命而结束，现在你还得要管理他们。奇怪的是，管理者谈论如何管理员工时很少考虑决策。其实，我们完全可以把管理者与员工的互动看作是一系列复杂的决策。例如，员工来找你通常想要什么？他们想让你决定他们应该采取什么行动，或者至少让你确保他们的决定可行。

同样，作为管理者，你必须决定为他们设定怎样的目标和目的，以及如何对其管理、组织、激励和监管。管理者很少把这些视为决策。这些几乎不是决策，因为都是在潜意识层面的反应（见模型 8）。只有偶尔（通常是在某人把事情搞砸的时候）经理才会有意识地考虑这个人以及他需要做些什么。通过明确这些潜意识中的决策，你可以挑战自己、员工和组织所持有的理念、信仰和文化规范。

模型 33 如何选择默认管理风格

用这种模型来确定默认的管理风格以及在需要的时候做出改变。

也许对所有管理者来说，最关键的决策就是确定自己应该采用什么样的管理风格。不幸的是，许多管理者没有这种意识。相反，他们倾向于采用他们认为高效管理者会使用的管理风格，而没有意识到真正要做到有效管理，管理者都需要形成自己的风格。

道格拉斯·麦格雷戈（Douglas McGregor）撰写的《企业的人性面》（*The Human Side of Enterprise*）彻底改变了管理理念。总而言之，他确定了两种类型的管理者，和所有的刻板印象一样，虽没有反映出大多数管理者观点的复杂现实，但是提供了很好的起点，让你可以在此基础上形成自己的风格。

X 理论管理者：

认为员工懒惰、不值得信任、不喜欢工作，如果可能的话会尽量避免工作。他们想要平静的生活，逃避责任，缺乏野心，最重要的是想要工作保障。为了让他们工作，管理者必须不断监督他们的行为，并用制裁来威胁他们。

这种方法导致"命令"和"控制"式管理风格。

Y 理论管理者：

相信员工天生具有创造力、想象力，喜欢工作带来的挑战。他们自我激励，想做好工作，积极寻求承担责任和挑战自我的机会。为了提高生产效率，管理者能做的最好的事情就是提供条件，使员工能够茁壮成长，并给予他们尽可能多的自主权。

续表

Y 理论管理者:
这种方法不会试图控制员工，其目的是在明确界定的自由裁量范围内释放他们。这种方法并不意味着管理者放弃了告诉员工该做什么的权力。

学以致用

■ 阅读以上对两种管理风格的描述，以 100% 为满分，对每种管理风格的认同程度分别进行评分，但两者得分之和必须等于100%。没有什么标准答案，只是你要先给自己喜欢的管理风格评分。

■ 如果你喜欢 X 理论风格，说明你很少赋予员工自主权，很少将工作委托给员工，并且要员工将大多数决策权交给你，这样会增加你的工作量。你想要这样吗？

■ 如果你更喜欢 Y 理论风格，你会将更多工作委托给员工，期望员工自己做决定，只有遇到问题时才向你反馈。对于优秀员工没问题，但如果遇到不可靠的员工怎么办？你有何应对策略？

■ 这种模型提出了两种截然不同的人性观，要改变你对人性的看法很难。但是你是否知道自己默认的管理风格，可以有意识地在环境需要的时候做出改变。例如，如果你是 X 理论管理者，可以把更多权力委托给"可信任的人"。如果在遇到危机时，你使用 Y 理论风格管理，可能会变得更具有控制力。

■ 任何行为上的极端变化通常都会适得其反，因为员工信任保持一贯风格的管理者，对行为不可预测的管理者缺乏信任。因此，无论你是一名 X 管理者还是一名 Y 管理者，请使用以下方法：在所有重要/必要的工作领域建立明确规则，例如实现预期业绩、遵循工作程序和时间期限、保持独立自主并注意行为举止等。始终如一地坚持和执行这些基本规则。

■ 对这些重要原则的贯彻执行达到一定程度后，你可以更轻松地去处理其他问题。但要记住，你不可能无所不知，更别说无所不能，要让员工成为更好的管理者。

问题反思

■ 哪些事情/事件影响了我使用自己默认的管理风格？

■ 我能对自己的管理风格做出什么改变以提高生产力或改善与员工的关系？

> **优秀决策**：市场研究显示，24 小时循环播报的全球新闻频道并无市场需求。但在 1980 年特德·特纳（Ted Turner）把握住了时机，在全球卫星电视的蓬勃发展之际创办了美国有线电视新闻网（CNN）。

模型 34　确定你是管理者还是领导者

使用此模型来帮你确定自己是想成为一名管理者还是领导者。

你想成为领导者还是管理者？近年来，领导力被提升为改善公共和私人部门的一种方式，但不是每个人都适合领导者的角色。你需要仔细考虑你想从职业生涯中得到什么，做快乐成功的管理者要比做失败痛苦的领导者强。

下表列出了管理者和领导者的特征。如果你想成为领导者或者具有领导潜力的人，你需要专注于右栏的活动。

管理者所关心的	领导者所关心的
现在	未来
计划	愿景
系统维持	大局观
维持现状	改变
反馈	激励
目标	结果
监督和控制员工	对追随者施加影响力
提供秩序感	为追随者提供目标感和方向感
传播组织文化	建设组织文化
把事情做正确	做正确的事情
处理组织内部和周围的复杂情况	应对变化和变化带来的影响
创造秩序和一致性	创造运动和变革
制定计划和预算	构建愿景和战略
组织结构和员工管理	为共同的愿景和一系列目标联合员工
解决问题	提前识别并从源头上根除问题
经济和效率	有效性
走正确的道路	开辟新的道路

资料来源：McGrath，J.（2004）Leading in a Managerialist Paradigm：A

Survey of Perceptions within a Faculty of Education. Doctoral Thesis：university of Birmingham.

学以致用

■ 凭记忆列出过去一周完成的任务，包括会议、与员工的互动以及常规任务和单次任务。

■ 分析自己一直在做的事情，用诸如"指导员工"、"解决问题"等，将所做的事情进行归纳，计算在每类工作上花了多少时间。

■ 使用上表将每项任务进行归类：管理类或领导类。即便大部分工作都归入了管理类也不用担心。在 1 到 10 分范围内给每项任务进行打分，1 分代表"讨厌这项任务"，10 分代表"喜欢这项任务"。

■ 分析你的得分。如果你讨厌大多数标记为领导类的活动，那为什么还要成为领导者呢？

■ 假设你仍然想成为一名领导者，利用新学到的知识让自己从管理者思维转向领导者思维。例如，与其解决一个问题，不如考虑这个问题是否具有普遍性，并从源头上消除其产生的原因。

■ 要有大局观。利用管理大师查尔斯·汉迪所说的"从直升机上往下看"的方法，超越自己的专业和部门视角，从组织的角度来看待问题，然后选择符合整个组织最大利益的解决方案。如果能纵观"大局"，说明你是块当领导者的料。

■ 除了处理日常事务，也要花时间考虑团队面临的未来威胁和机遇（参见模型 52 和模型 53），并在威胁和机遇出现之前找到解决方案。

■ 不要强调过程，而是通过对员工的点滴激励来集中精力改善结果。记住行动胜于言语，要身体力行。

■ 每八周重新进行一次评估，直到对自己在管理和领导之间达到的平衡感到满意为止。

■ 记住，你的职位越高，花在领导类活动上的时间就应该越多，花在管理上的时间则越少。

问题反思

■ 你想成为领导者还是管理者？

■ 你需要更多地了解领导力并培养自己的领导技能吗？

糟糕决策： 在 1999 年至 2002 年间，黄金的价格为每盎司 275 美元左右，戈登·布朗（Gordon Brown）决定卖掉近 400 吨金子，但几年后，金价就涨到了每盎司 1600 美元以上。

模型 35 关于任命的决策

使用此模型改进任命和促进决策。

作为管理者，成功与否在很大程度上取决于员工的素质。优秀的员工可以让普通的管理者显得出类拔萃，糟糕的员工则会让优秀的管理者显得平淡无奇。

尽管招聘员工可使用心理测试、面试、模拟、演示、图表甚至占星术，但仍然像一锤子买卖。在面试开始的两分钟内，面试官/面试小组就会对候选人做出评判。这种反应可能与生俱来，可以追溯到我们的祖先在丛林地带遇到陌生人，只有 20 秒的时间来考虑对方是朋友还是会致人于死地的敌人。要克服这种倾向，请尝试以下方法。

学以致用

1. 原则

■ 尽可能从内部提拔。太多的管理者认为外来的和尚会念经，事实绝非如此。在每个组织中，白痴和天才的比例不相上下，有时甚至一个人会同时体现两种特征！此外，内部提拔的人通常会比外部人士能更快了解组织。

■ 如果可能的话，尽量任命那些已经证明自己能够实现目标的人，即：

——有个人自豪感，不想让自己失望，也不想连累你。

——能自我激励、充满热情并值得信赖。

——能纵观"大局"。

——有基本常识。常识并不是人人都具备，而这恰恰又是良好决策的基础。

■ 如果必须从外部招聘，挑选那些有良好业绩记录的人。他们的成就可能处于较低水平或属不同行业，但实际成就比具有潜力更能确保未来的业绩。这些人往往以自己的工作为荣，聪明、热情又有趣。

■ 如果让应聘者自我展示或试用，要确保没有倾向内部员工的偏见。

2. 细节

■ 明确要在求职者身上寻找什么样的技能和特点，并确保面试开始前聘任小组能达成共识。

■ 与应聘人员建立融洽的关系，在面试开始时给他们时间放松。如果在面试的某段时间对应聘人员施压以衡量其对压力的反应，那只能告诉你他们在面试中如何应对压力，并不能说明其在现实世界中面对压力时的表现。

■ 不要喋喋不休，把说话的机会让给应聘人员。

■ 避免提引导性和封闭式的问题。

■ 笼统的问题和具体的问题都要提一些，以便探究更多相关信息。

■ 要求应聘人员对其以前取得的成就提供支撑材料。

■ 要求澄清所有含糊不清的答案，可以问对方："你是说……吗？"

■ 不要害怕沉默。这通常表明应聘者觉得难以给出问题答案。他们处理此类问题的方式或许能透露一些信息。他们是会惊慌失措吗？抑或是能临场应变并给出合理答案？

■ 鼓励应聘人员提问。通过提问可以看出他们面试前做了多少准备。

■ 永远不要依据潜力选择员工，而要看其实际成就。世界上有潜力却未被开发的人多如牛毛。以我为例，我也有潜力为西布罗姆维奇足球俱乐部效力（要是我有足球天赋就好了）。

问题反思

■ 我对第一印象的依赖程度如何？会让新的证据推翻自己的第一印象吗？

■ 我是否太容易接受应聘人员说的话？

优秀决策：1984 年苹果决定加入竞争，成为第一家生产性能稳定且价格合理的个人电脑公司。他们在实现目标的过程中，创造了一个全新产业。

模型 36　戈菲和琼斯：凭什么由你来领导？

> 此模型用来提醒你，作为一名管理人员，你有权力要求员工按你说的去做，不过首先要得到他们的认可。

罗伯特·戈菲（Robert Goffee）和加雷斯·琼斯（Gareth Jones）认为，人们往往有一种心照不宣的观念，即某人由于被指定担任某特定职位，所以他有权力进行领导。然而，领导力并非都这样按部就班，领导头衔也不是领导者自己争取的，而是由追随者授予的。

据戈菲和琼斯所言，好的领导者需要：

选择性地向追随者展示自己的具体弱点，目的是为了表明他们和其他人一样都有脆弱的一面。

使用直觉/隐性知识（见模型 8）以及硬数据来指导其行动/决策。

与员工有强烈的同理心（见模型 21）。关心自己的员工，专注于自己的工作，为实现目标而努力，做对组织最有利的事情。

显示出自己的差异，明确自己与众不同/特立独行之处。

学以致用

■ 想想自己的弱点，并选择其中两个并不会影响你工作能力的弱点。例如，会计师或律师如果承认自己是"马大哈"、不拘小节，展示这种弱点对他们这种职业来说不是个好主意。相反，应该选择那种很容易让别人来弥补的弱点。这样既可以显示你的弱点，也可以印证你对团队合作的需求和承诺。

■ 通过展示在别人看来可能是优点的弱点，比如不成功绝不放弃的蛮劲，也可以获得优势。

■ 成为戈菲和琼斯所说的"传感器"。利用你与员工、同事、管理层、客户和其他利益相关者的每一次谈话和会面，积累你对组织和员工的了解。

■ 对收到的对话和邮件中出现的微妙信号保持敏感，倾听人们的话语和话外之音。记录反思日记中出现的关键问题，随着时间的推移，它们将成为宝贵的资源。

■ 通过展示自己感同身受的能力来锻炼强烈的同理心。永远不要说"我知道你的感受"，因为你做不到。相反，把他们现在的感受反馈给他们，"我知道你担心工作/未来/变化等。"然后根据实际需要而不是他们的愿望来做决定。例如，某个员工可能想要升职，但实际他可能还需要在升职前再积累一年的经验。

■ 找出你的优势，是什么让你与众不同。人们希望自己的领导有独特之处，在某些方面比他们更胜一筹。

■ 要谨慎行事。永远不要为了与众不同而让自己与追随者分道扬镳。亚伯拉罕·林肯在许多方面都十分出色，但他仍然充满人情味，甚至喜欢听搞笑（黄）段子。

问题反思

■ 你认为自己无所不知吗？

■ 你最后一次说"我不清楚，但我在找到答案后回复你"是什么时候？

> **糟糕决策**：国际足联（FIFA）决定将 2022 年世界杯主办权授予卡塔尔，鉴于该国的国土面积较小、缺乏足球文化和必要设施，需要将比赛改到冬季举行，再从安全方面考虑，在许多人看来，这一决定显得荒唐可笑。有人指控有内幕交易，这有什么好奇怪的吗？

模型 37　赫塞和布兰查德：情境领导模型（前 11 大模型）

用来作为你的默认管理方法。

　　每位管理者都想知道管理员工的最佳方式是什么，当然答案有很多，但是对于忙忙碌碌的管理者来说，肯·布兰查德（Ken Blanchard）和保罗·赫塞（Paul Hersey）的情境领导可谓是简单高效的管理指南。

　　赫塞和布兰查德建议，在分配任务给某人时，确定其需要的指导和支持程度至关重要。需要的指导程度是指一个人完成工作所需要得到的指导，包括一些细枝末节的东西；支持程度是指他们需要得到的鼓励，比如某人缺乏信心，管理者要提供必要支持。

　　不同程度的指导和支持相结合，导致四种授权策略。

授权方法	行为描述
辅导	为那些既缺乏工作方面的知识又缺乏自信的人提供高程度的指导和支持。
指导	给那些虽然自信但缺乏工作经验的人提供高程度的指导和低程度的支持。
支持	对那些具有出色能力从事该项工作但因为第一次做而缺乏自信的人给予高程度的支持和低程度的指导。
委托	对那些技术水平高且充满自信的人给予低程度支持和低程度的指导。

　　管理者的工作是确定每次将任务委托给员工时需要提供的支持和指导程度。

学以致用

■ 你越了解员工，就越能有效运用这种模型。

■ 选择你认为最适合做这项工作的人。向他们简要介绍需要做什么，了解他们如何看待这项任务。问一些具体的问题，比如"你首先要做什么？""最担心这项工作的哪个环节？"

■ 根据上述讨论，从"辅导""指导""支持"和"委托"中选择最合适的管理方法。

■ 设定完成工作的最后期限，并确定工作必须达到的一套标准。如果工作质量太差，即便按时完成也是垃圾（见模型68）。

■ 如果这项工作要花一个多月的时间，那就提前安排好会议来检查进展情况。根据会议结果确定是否需要安排下次会议。

■ 向员工承诺，如有需要可随时来找你，无需等到既定会议时间。

■ 记住，员工不会从一个类别直接进步到另一个类别。每次你布置新的工作/任务，必须重新确定针对性的管理方法。也就是说，随着员工的成长，其信心和能力也会增长。

■ 当然，如果你招募优秀员工，进行良好的培训，并鼓励他们不断拓展和挑战自己，工作总是会变得越来越容易（见模型35）。

问题反思

■ 我对员工了解多少？

■ 在委托工作时，我应该如何简明扼要地说明要求？

> **优秀决策**：制片人库比·布罗克里（Cubby Broccoli）决定无视伊恩·弗莱明（Ian Fleming）提出的，让加里·格兰特（Cary Grant）饰演詹姆斯·邦德（James Bond）的建议，转而选择不知名的肖恩·康纳利（Sean Connery）出演。

模型 38　曼佐尼和巴苏克斯：管理者如何让员工注定失败

利用这一点来避免过早对一个人的能力做出不公平的决定。

　　管理者经常会对员工做出判断/决定，且一旦做出判断，就很难改变。让-弗朗索瓦·曼佐尼（Jean-Francois Manzoni）和让-路易·巴苏克斯（Jean-Louis Barsoux）的模型表明，管理者很容易闹乌龙，即毁掉自己员工对企业产生积极影响的机会。在很多方面，他们的模型是基于领导成员交换理论（见模型 39）被滥用时可能发生的错误。

管理者会根据以下几点对员工做出不成熟的判断：

他们个人对该员工的喜好。

该员工早期犯的错误。

该员工对动机、智力、社交能力、职业道德或能力的感知水平。

以前的管理者和现在的同事对该员工的评价，以及早期与其诚惶诚恐的谈话。

　　这些印象导致该成员被归为"外群体"。

一旦列为"外群体"，管理者：

潜意识里只会去收集能印证其第一印象的证据。

忽略与他们早期判断相矛盾或冲突的数据。

对"外群体"员工进行更多的控制和监督，即他们享有的自主权、信任和尊重少于"内群体"成员。

强调规章制度，更有可能向"外群体"成员提供负面反馈。

学以致用

■ 在新员工或刚晋职的员工适应新环境并熟悉工作之前，避免过早地对他们的能力做出判断。

■ 将计划作为一种手段，向团队成员和其他利益相关者传达你准备做什么、什么时候做，以及如何做。

■ 使用情境领导（见模型 37）：①了解这个人；②为他们提供所有员工开始新工作时需要的支持和指导。

■ 使用"硬数据"和"软数据"来确定这个人是否真的像你想象的那么糟糕（见模型 3）。例如，他们是否达到了目标？有人抱怨过他们吗？他们家庭困难吗？他们上班的地方离家很远吗？

■ 如果这名员工已经坚定地站在你的团队之外，试着扭转局面。

——安排一次会议，不要带着偏见，使用各种反馈模型（见模型 19 和 41），讨论并就个人工作中必须改进的方面达成一致。

——清楚地向对方表明你是想解决问题，而不是在进行纪律处分。

——询问他需要你提供什么帮助，保持平易近人也会产生意想不到的效果。

——共同确定可以做些什么来消除或改善其弱点，这可能涉及在职培训或更正式的培训计划。

——指定并同意他们在学习工作时所需的工作标准，以及一旦他们进入组织后你的期望。

——向对方明确你会定期向他们提供反馈。然后一旦发现他们有好的表现——当你看到这种情况时，就公开表扬他们。

　　——安排跟进会议，并明确表示你可以在他们需要时与他们交谈。

问题反思

- 我不喜欢这个人，是因为我觉得受到了他们的威胁吗？
- 我是因为被这个人吸引了而对他特别关照吗？

糟糕决策：J・K・罗琳（J. K. Rowling）的《哈利・波特与魔法石》最终出版之前，曾遭到 12 家出版商的拒绝。

模型 39 丹塞罗、格伦和哈加：管理者如何培养员工以取得成功

该模型可用来帮助你与所有员工建立牢固的联系。

让-弗朗索瓦·曼佐尼和让-路易·巴苏克斯（见模型38）认为将工作人员分为"内群体"和"外群体"两类对组织不利，丹塞罗（Dansereau）、格伦（Graen）和哈加（Haga）则认为只要遵守某些保障措施，这种分类是可取的。他们认为领导成员交换（Leader Member Exchange，LMX）是管理者与员工之间建立互利工作关系的一种方式。

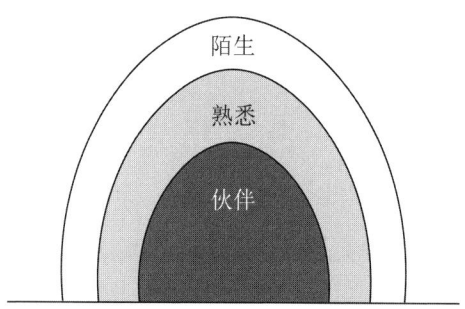

为了消除将某人归入"外群体"的危险，管理者应该遵循以下三个阶段的过程：

阶段 1. 陌生阶段：在早期阶段，管理者和员工之间的关系是传统关系。该员工按照其职务要求工作，并按所需标准完成任务。

阶段 2. 熟悉阶段：如果该员工表现出潜力迹象，并且愿意超越其工作范围，管理者就会邀请他们承担额外的责任。这个阶段是测试阶段，看看这个人是否有成为"内群体"正式成员所需的承诺。

续表

为了消除将某人归入"外群体"的危险，管理者应该遵循以下三个阶段的过程：
阶段 3. 成熟的伙伴关系阶段：一旦管理者确信这个人有意愿、有能力，且忠诚于他/她，他/她就会被邀请加入"内群体"。作为回报，他/她有更多的机会接触管理者，观点更容易被听取，得到更多有趣的工作以及培训和晋升的机会。

领导成员交换（LMX）理论的价值在于，它使管理者能够建立一支强大、有效和灵活的员工队伍，从而提高绩效，并带来全方位的晋升。

学以致用

■ 如果你决定使用领导成员交换（LMX）模型，你必须为所有员工提供相同的加入"内群体"的机会。那些没有成为"内群体"的员工必须得到与聘用合同相符的公平待遇。

■ 在使用领导成员交换（LMX）模型之前，确定你能为员工提供什么，以回报他们更加努力的工作和对你更大的承诺和忠诚。不管给他们提供什么，一定是要有价值的东西。例如，能更多地参与决策或有更多机会发表自己的观点。

■ 即便你有实行领导成员交换（LMX）模型的计划，也不要当众宣布，否则员工可能会感到焦虑。相反，用你自己的行动表明，那些愿意"多干点活"的员工可以获得某些好处，将这种信息显露出来。

■ 很有可能你已经有一些合适的"内群体"成员人选。将他们作为"内群体"小组的创始成员并开始工作。其他员工看到成为"内群体"成员的好处后，许多人会想加入。接受那些以自己的态度表明愿意建立更紧密工作关系的员工，并向其他员工表明成为"内群体"成员的条件。

■ 记住，每位员工都必须有加入"内群体"团队的同等机会。

■ 请记住，拒绝一位工作能力差劲且马虎大意的人成为"内群体"并非有失公允。

问题反思

■ 你会采取什么样的保障措施来确保公平，以免"外群体"成员处于不利位置？

■ 进入"内群体"的标准有多透明？

> **优秀决策**：1991 年，计算机芯片制造商英特尔决定将其产品命名为"英特尔核心（Intel Inside）"。这一品牌发挥了作用，并为英特尔提供了竞争优势。

模型 40　赫茨伯格的激励与保健理论：选择正确的胡萝卜

> 用此模型帮助你选择最合适的激励方法。

管理者有责任激励员工，失去动力的员工没有生产效力，而真正有动力的员工可以取得了不起的成就。你必须明确采用何种激励策略。

弗雷德里克·赫茨伯格（Frederick Herzberg）的模型受到高度尊重，因为人们一次又一次地发现该模型在实践中行之有效。他将感知到的激励因素分成两组：

激励因素	保健因素
认可、成就、进步、有趣的工作和责任 员工感觉 ☺	薪酬、公司政策、工作条件、缺乏地位或保障 员工的感觉从 😐 到 ☹

激励因素创造满足感。保健因素不能激励员工，但如果低于可接受的水平，就会导致不满。

学以致用

■ 从确定什么因素能激励你开始。这些因素和赫茨伯格的理论相符吗？

■ 要认识到大多数人受到激励并非是因为工资和工作条件。

■ 回顾每名员工的工作。在团队成员之间重新分配一些比较平常的任务，不要把所有无聊的工作都分配给某一个倒霉蛋。

■ 为每个人提供有效工作所需的必要资源和培训。让员工自主安排他们认为合适的工作，然后在约定的期限内按照要求的标准完成工作。

■ 与每位员工商定具有挑战性但切合实际的目标和期限，并公开认可其个人成就。当众说声"谢谢"，也可能给公司士气和生产力带来奇迹（见模型68）。

■ 为所有员工提供晋升和个人发展的机会，并在可能的情况下从内部提拔。

■ 尽管薪酬和工作条件不是激励因素，但如果低于某个水平，会使员工失去动力。因此，要监督组织其他部门的员工收入，以及竞争对手支付的工资。否则你将面临高员工流失率和由此带来的所有问题。

■ 利用一切机会与员工交流，采纳他们提出的好点子和建议，并确保他们知道其建议得到了你的充分认可。

■ 不要认为赫茨伯格的模型就是对员工"好"。有时候，适时举办一场大派对也能激起你想要的反应，有的员工可能会想："好吧，我要在老板面前好好表现一番。"

问题反思

■ 根据自己的经验，想想什么能激励员工？
■ 我最后一次公开表扬团队或团队成员是什么时候？

糟糕决策：英国石油（BP）最初决定公开淡化深水地平（Deepwater Horizon）漏油事件的严重性，这是一场公关灾难。

模型 41　反馈三明治：传递负面反馈

在对个人表现有必要进行批评时，可使用此模型。

　　管理者最不乐意但又不得不做的任务之一就是向员工传达负面反馈。如果你对何时、何地以及如何传达负面反馈做出了正确的决定，那么压力就会小得多。

　　此处概述的模型在教育领域很受欢迎，被亲切地称为"垃圾三明治"式反馈。

三明治式反馈包括三部分：

1. 从积极的事情开始。
2. 以鼓励的方式传递负面反馈（见模型 19）。
3. 以积极的事情结束反馈。

　　这种方法对于传递各种形式的反馈，如上班拖沓、旷工、不良表现或上班迟到等颇为有效。

　　如果使用得当，反馈可能是培养员工最有效的方法之一。比较好的一点是，只要遵循一定的指导方针，这可能是相对容易和压力比较小的过程——至少对你来说是这样。

学以致用

■ 结合模型 19 一起阅读。

■ 如果发现某人做了好事，最好当众说"太棒了"，这样一句称赞对他们产生的影响令人惊讶。如果看到有人犯了小错误，最好和他私下沟通。

■ 如果问题比较严重，应尽快安排正式的交流反馈，要在事情或问题在脑海中记忆犹新时召开会议。

■ 千万不要在生气或心烦意乱时开会，稍微延迟一会儿可以让任何愤怒或情绪逐渐消散，这样让你自己也能多点时间确定该对这名员工采取什么对策以及对他还可有何期待。

■ 私下在中立地点召开会议，避免可能的干扰。

■ 批评要对事不对人。如果想把情绪排除在外，必须避免将问题个人化。

■ 不要让批评对象在离开房间时认为自己是失败者，要让他们相信自己能做得更好。因此，一开始要给一些积极的反馈，然后继续谈论关键问题，再以积极的情绪结束。

■ 简单介绍引起你关注的行动/行为，必要时直言不讳，不要含糊其辞。询问对方对你的话有何评论，但不要参与讨论或争论，只管倾听就行。

■ 对于他们所说的话，如果合理就要接受，比如对你描述中不实情况的纠正，但要拒绝自私的情感诉求或借口。

■ 清晰明了地告知对方必须采取什么步骤来改善行为。让他知道你会记录就行动计划达成的一致意见，并在 24 小时内给他们发送一份。

■ 最后告知如果他们没有改进会导致什么结果。

■ 如果需要的话，再安排一次跟进会议来讨论计划的进展。

问题反思

■ 你最后一次给团队每名成员的反馈是什么时候？

■ 你接受过正式的反馈培训吗？

优秀决策：为提供资金给后续生产，宝丽来公司在 1948 年决定将第一批拍立得相机的价格定为传统相机的近 33 倍。他们对该产品独特的信心得到了回报，库存很快售罄。

模型 42 麦格雷戈的高效团队和无效团队特征

用此作为核查表来评估团队的有效性。

作为管理者，你通过团队工作来实现你的目标。因此，如何管理团队以便最大限度地提高他们的效率至关重要。《企业的人性面》（*The Human Side of Enterprise*）的作者道格拉斯·麦格雷戈指出了有效团队和无效团队的特征。

有效团队	无效团队
以轻松活泼的方式/氛围运作，并分担团队领导的责任。	由管理者主导，在如何管理工作方面几乎没有自主权。
定期与团队所有成员讨论问题。	对成员所做的工作不感兴趣和厌烦。
清楚自己的目标，并致力于实现目标。	缺乏一套明确的目标和目的。
倾听同事的意见，有效沟通。	由团队中一两个关键人物的意见主导。
解决团队内部的冲突时不受外部干涉。	不尊重团队成员或他们的意见。
在做决定的时候要寻求共识。	做决定时使用多数投票，而不是寻求真正的共识。
由乐于畅所欲言、公开表达想法和观点的人组成。	不在公共场合分享感觉，把对团队成员的批评或冲突视为应该避免的事情。
对表现和行为不断反思。	避免讨论团队的效率如何。

学以致用

■ 不要从微观视角管理团队，这样会让团队失去动力（见模型 40）。团队员工都是成年人，他们希望你在管理方面具有一定的判断力，与每位员工就自由裁量权达成一致，然后放手，让他们给你带来惊喜。

■ 给人激励的是有趣而又有意义的工作（见模型 40）。向团队中的每个成员展示他们的工作如何为团队整体做出了贡献，以及如果不能高标准地完成工作，会如何降低整体效率。

■ 任何团队都有枯燥的任务要完成，不要把所有枯燥的工作都交给同一个人，要给每个人都分派一些，甚至你自己也要做一些。

■ 以身作则。向大家表明你更愿意就想法达成共识，而不是通过举手表决或在没有异议的情况下做出决定。

■ 利用与团队成员的日常互动、团队会议以及个别交流来关注团队成员的感受和行动，及时解决发现的任何问题。

■ 确保团队和团队成员都有一套明确的共同目标，然后实施有效的监督系统，确保及时发现和处理任何差错（见模型 68）。

■ 在召开团队会议时，不要主导会议进程。把大部分发言机会留给员工，强调每个人都要有所交流，并明确表示所有观点都必须得到尊重。

■ 在团队会议中，鼓励员工检查个人和集体的工作效率。

问题反思

■ 问题出在我身上吗？我是团队的主宰吗？

■ 团队中有没有人会引发不安/怨恨？如果有的话，我能做些什么呢？

糟糕决策：埃德加·胡佛（J. Edgar Hoover）多年来一直否认美国黑手党的存在，这一决定阻碍了美国打击有组织犯罪的斗争。

模型 43　路易兹的四个约定——正直行事

以此模型作为基础，争取在所有领域做到"正直行事"。

"正直"就像民主、美丽和爱这些词一样，很难描述或定义，但一旦它们在发挥作用，我们就能意识到。堂·米格尔·路易兹（Don Miguel ruiz）博士的《四个约定》（*Four Agreements*）提供了一种看似简单的行为模型，让人们过着真实而有价值的生活。不过，像许多简单的哲学一样，说起来容易做起来难。

路易兹要求我们与自己达成四个约定：
1. 说话严谨。
2. 凡事不往心里去。
3. 不妄加揣测。
4. 永远尽力而为。

（我说过看似简单，不过现在要来真格的了。）

学以致用

■ 说话严谨。有话直说。仔细想想你想说什么，尽可能说清楚。尽量减少误解的可能。不要批评别人或自己，对自己说的东西要持积极态度，否则保持沉默。就如一些老股票经纪人的座右铭（20 世纪 80 年代金融大爆炸前）"我的话就是我的债券"，永远不要食言。

■ 凡事不往心里去。每个人的现状都由自己造成，他们会根据自己的过往经历和个人构念来诠释你的言行举止。你无法控制他们的想法或感觉。因此，不要担心别人说什么或做什么，保持平和的心态。

■ 不妄加揣测。与每个人交流时要清晰明了，避免产生歧义。需要时，提出问题以便澄清。检查你传递的任何信息是否得到接受人的正确理解，有什么需求要明确告知。不要指望别人从你的暗示中推断出你想要什么。直接告诉他们"我想要……"。

■ 永远尽力而为。你不可能每天 100% 投入，但总可以尽力而为。某些天可能只达到 75%，但如果这是你的最佳表现，那就算尽力而为了。如果这样做，你就没有理由批评自己或总是想"要是我做了……就好了"，所以避免为自己或他人设定不可能实现的目标。

■ 从以上约定中选择一项，试着坚持一天。你很快就会发现要付诸实践有多难。这个模型你今天就可以开始实行，但是要达到完美则需要一辈子的历练。不过没关系，重要的是尽力而为。

■ 人们对那些始终如一、预料之中的管理者和领导者持积极态度。如果你遵守以上四个约定，人们会很快认识到你是值得信任和信赖的人，你绝不可能为了个人利益或晋升而背后捅别人一刀。

问题反思

■ 问题恶化时，你首先考虑谁，员工还是你自己？

■ 想象某个场合你需要做出选择：A）走向堕落；B）坚守正直。面对这种情况，你自我感觉如何？

优秀决策：在 20 世纪 90 年代中期，迈克尔·戴尔决定将"按订单生产"的计算机直接销售给客户，这一决定彻底改变了向公众销售计算机的方式，并使得公司迅速扩张。

总结

前 11 大模型

赫塞和布兰查德的情境领导模型（模型 37）可能是世界上最流行的管理和领导模型之一。它为管理人员提供了一种快速简便的方式来管理员工，同时鼓励授权并提供了内部监督程序。

所有管理者都缺少的东西是时间。情境领导能让你腾出时间做更重要的工作，包括决策。这也有助于你提升自己对他人长处和能力的判断水平，因为每次使用时，你都必须确定需要给这名员工多大程度的支持和指导。

模型 36 问道："凭什么由你来领导？"在你被任命为管理者或提升到高级管理职位时，你所担任的职位带有一定的法定职权，基本上你就可以告诉人们该做什么。如果他们做了你要求的事情，你有权力奖励他们；如果他们不服从，你可以行使强制力。不过这些都不是领导力，你的目标是让人们实现你的愿望，这意味着需要赢得他们的内心和关注。戈菲和琼斯的模型提供了有价值的建议，告诉你如何从管理者变成领导者，甚至优秀的领导者。

曼佐尼和巴苏克斯（见模型 38）认为，管理者过早的判断很容易导致员工失败。当管理者贬低员工时，他们实际上有效地为实现自己的预言设定了条件。你需要避免这种情况，不能仅仅因为早先形成的，可能稍纵即逝的印象就解雇员工。

给每个人平等的机会成为你"内群体"的一员。使用领导成员交换模型（见模型 39）并致力于与每一名员工而非少数员工建立这种紧密的联系。只有这样，一个团队才会变得动力十足、事半功倍。

激励员工并给他们反馈是日理万机的管理者经常忽略的基本任务。将这两者融入到日常实践中，不要等到年度绩效考核时才表扬或批评他们的工作。行为和反馈之间的延迟越短，反馈就越有效。

加油鼓劲是你每天都应该做的事情。在一周时间内不给球队有意识的激励，对任何足球队管理者来说都是不可思议的事情。尽管西布罗姆维奇足球俱乐部的一些教练曾经这样做过，但我不敢说他们会让这样的状况每年都发生。有一位管理者在职业生涯开始时激励新团队说："如果可能的话，我愿意用你们取代我原先的团队。"

关于建立项目团队有多种模型，但是他们往往忽略了这样一个事实，即每一位管理者拥有的最重要的团队就是他们每天都与之合作的团队。麦格雷戈的模型（见模型 42）本身就简单易行。你需要找到具有高效特征的团队，这可能需要多年的精心招聘和培养才能实现。同样，如果你接管了一个效率低下的团队，在你开始团队建设之前，可能不得不先开除一两个人。

不管是与人打交道还是做决策，"正直行事"至关重要。如果你想成功实施决策，必须要赢得信任。人们对那些在交往中表现出正直品质的人会做出积极的回应。路易兹的四个约定模型显然是培养正直品质的简便方法，但是你会发现遵循这些约定是巨大的挑战。

第六章

战略和市场决策模型

简介

　　本章中包含两种类型的模型：模型 44~模型 47 涉及不同形式的产品生命周期以及如何寻找市场缺口；模型 48~模型 51 研究组织在寻找新市场或制造场所，决定投资哪些产品以及放弃或出售哪些产品时可能面临的决策。这些决策的统一之处在于对组织具有战略意义。

　　详细分析战略计划的价值及其构建方法不在本书讨论范围内。然而，在考虑本章的模型时，我认为如果思考清楚在战略规划过程的哪个阶段可以使用哪些模型，效果会更加显著。为了这方面的实践，我建议你使用以下战略规划流程纲要。

　　1. 确定组织的业务。组织从事什么业务？目的是什么？几年前，一家著名的钢笔制造商决定不再销售钢笔，转而销售礼品。这改变了其作为一家公司的全部重心，并导致战略规划发生巨大变化。

　　2. 根据对问题 1 的回答，写一份任务说明，并据此确定组织的愿景。

　　3. 如果组织想努力实现其愿景，请确定需要追求的目标。

　　4. 将组织目标分解为一系列 SMART 目标和任务（见模型 68）。

　　5. 确定组织需要采取什么行动来实现这些目标和任务（策略）。

　　6. 将完成任务和目标的责任分配给指定的部门/个人，并监督进展情况（见模型 68）。

　　7. 在规划结束时，审查所取得的进展，并利用从成功和失败中吸取的经验教训为下一战略计划提供参考。

根据所在行业的不同，某些模型可能与你无关，但尝试一下也许会给你带来意想不到的结果。据我所知，有一家成立已久的家装工程公司从未在互联网上销售过任何东西。然而，他们很快建立了一项盈利非常可观的业务——出售旧家具，这要归功于一次关于长尾市场模型（见模型45）的谈话。保持开放心态吧。

模型 **44**　标准产品生命周期模型

用来提醒你，产品销售和你本人一样，都有一个自然的生命
周期。

　　西奥多·莱维特（Theodore Levitt）在 1965 年的《哈佛商业
评论》（*Harvard Business Review*）上首次发布了产品四阶段生命周
期模型。如果你用"婴儿期"代替"引入"，这个模型实际上描
述了每个人经历的主要人生阶段。可能正是这一循环激发了这一
模型的灵感。

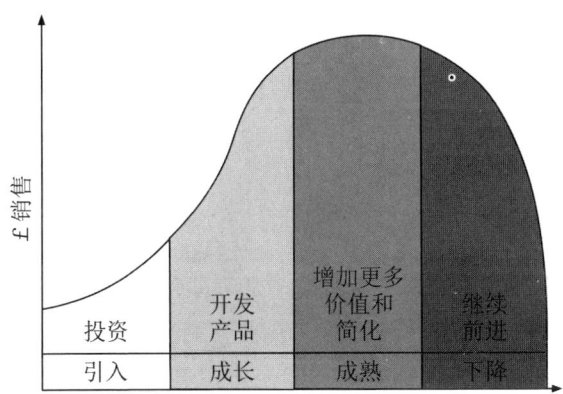

　　资料来源：Levitt（1986），Marketing Imagination，Free Press，New
York，Simon&Schuster，with the permission of The Free Press，a division of
Simon & Schuster Inc（c）of Theodore Levitt，all rights reserved.

　　图表的实际情形因产品不同而有所不同。例如，与产品 B 相
比，产品 A 增长、成熟和下降的速度显示出的图形可能更窄长。
然而，两者都会经历同样的四个阶段。

　　该模型的价值在于让管理者明白，在产品的每个阶段自己应

该做什么。

学以致用

■ 引入/婴儿期：在产品发布之前，投资产品研发并制定能够激发人们对产品兴趣的发布策略，苹果是这方面的专家。确保有足够的库存，并且有可以快速有效地处理任何与产品相关问题的系统。确认上市后的营销计划并商定价格。

■ 成长期：专注于将产品推向市场，确保订单能够快速完成和交付。向率先确定的主要市场进行销售是主要目标。通过营销提高人们对产品的认识，并准备好在销售超出预期的情况下提高产量，如果销售低于预期则执行应急计划。

■ 增值期：根据客户和员工的反馈，改进产品并增加功能。加速营销和广告投入，充分利用好所能想到的每一个分销点。

■ 简化期："增值期"使用的策略开始失效，销售开始趋于平稳，这时应设法降低生产成本，并找到销售产品的最优价格，以实现利润最大化（见模型61）。

■ 继续前进期：在衰退阶段，必须确定作为昔日摇钱树的产品，是否还值得继续维护。如果已变成鸡肋，要么考虑出售，要么停止生产（见模型51）。

问题反思

■ 我目前负责的产品在产品生命周期模型中处于哪个阶段？
■ 组织中有没有人监控产品的生命周期？

糟糕决策：20世纪80年代，在小型汽车开始受到公众欢迎后，通用汽车公司依然决定继续制造大型汽车。

模型 45　长尾市场模型

用此模型来提醒你，产品在脱离大众市场后可以在网上延续生命。

这个模型完全基于互联网对销售模型的影响。《连线》（*Wired*）杂志编辑克里斯·安德森（Chris Anderson）推广了长尾市场模型（Long-Tail Market Model）。他的论点是，互联网的发展已经改变了企业对销售的看法。在当今世界，仅亚马逊就拥有超过 200 万册图书，即使是最深奥的图书也能找到买家，易趣网也是如此。安德森的模型如下所示：

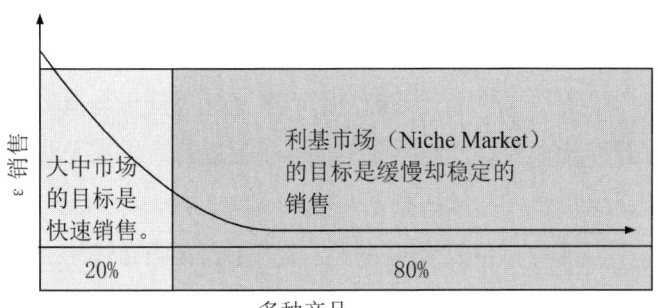

资料来源：Anderson, C（2006），*The Long Tail: Why the future of business is selling less of more*，（c）2006, 2008 Chris Anderson. Reprinted by permission of Hachette.

帕累托原则表明，企业通过生产产品盈利，这些产品销往 20% 的大众市场，但销售量却占销售总额的 80%。大多数产品都通过传统零售店销售，这无可非议，但安德森认为，互联网销售已经改变了这种情况。由于管理费用低，互联网零售商或许能迎合销售速度缓慢却稳定的利基市场。

也有新的证据表明，长尾市场的销售总额现在已经超过了大众市场的销售额。这表明零售市场正在从以大众市场为特征的市场转变为数百万利基市场组成的市场。

学以致用

■ 打开公司网站看看，你希望网站仅仅是关于公司的信息库，还是想将其变成销售渠道之一？

■ 应该如何去更新网站不在本书的讨论范围。但是，与 IT 人员一起召开系列会议应该是不错的起步，和他们讨论目前的状况，在未来三年里业务将如何发展，以及他们可以做些什么来帮助你实现目标。

■ 使用波士顿咨询集团的矩阵法（见模型 51）分析现有产品。

■ 分析每一类产品，并确定哪些产品从大众市场消失后可能具有长尾生命。有些产品生命不息，比如唱片、宝丽来相机、经久不衰的老款汽车和摩托车零件等。

■ 对没有销售出去的陈货是直接报废，还是通过建立在线业务为他们创造"长尾生命"，孰是孰非，决定权在于你。如果出于维护公司形象考虑，你不想大肆宣传，可将网络销售进行一番包装后再推出。

■ 网络销售的好处在于其建立的成本低，而且只有在业务量达到一定程度后，明确有必要时才需投入更多员工和资源。

问题反思

■ 我需要和谁商谈在线销售/业务？

■ 面对 3D 和其他新技术给组织带来的威胁，我们采取了什么应对措施（见模型53）？

优秀决策： 弗格森（Alex Ferguson）爵士以100万英镑的低价从利兹联队签下了埃里克·坎通纳（Eric Cantona），在许多人看来，他曾是一名困难球员，后来在20世纪90年代曼联的复兴中却发挥了关键作用。

模型 **46** 鸿沟市场模型

用来描绘新的创意和产品如何得到广大群众的认可。

埃弗雷特·罗杰斯（Everett Rogers）教授在 20 世纪 60 年代初对扩散理论（diffusion theory）进行了推广。他解释了创新和创意如何通过各种沟通渠道广为传播，并随着时间的推移为人们所接受。

杰弗里·摩尔（Geofrey Moore）对罗杰斯的理论进行了拓展，认为在扩散过程的关键时刻，鸿沟会出现，只有能够弥合这一鸿沟的产品才能生存下来。

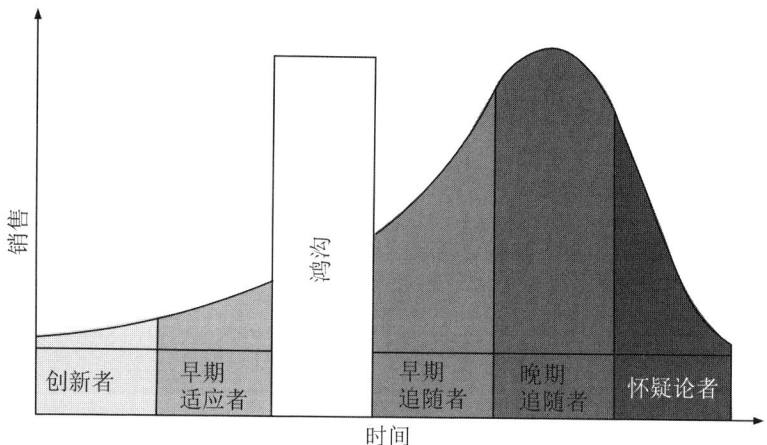

资料来源：Moore G. A.（2014），*Crossing the Chasm 3e*，Harper Collins，London. Used by permission. ⓒ 1991，1999，2002，2014 by Geoffrey A. Moore.

表格解释
创新者拥有经济上的保障，可以承担风险并投资最新技术，而掌握新技术又支撑了他们本已很高的社会地位。
早期的适应者是舆论的创造者和领导者。基于其教育成就和良好的财务保障，他们往往享有很高的社会地位。
鸿沟——除非该产品能够跨越鸿沟并受到早期追随者的青睐，否则就会萎缩、死亡，充其量也只能成为空中阁楼。
早期追随者享有高于平均水平的社会地位，但他们不是意见的形成者。与前两个群体相比，需要花费更多时间让这个群体接纳一项创新。他们更容易持怀疑态度，可支配收入也较少，但是你离不开他们。
晚期追随者在接纳新事物方面行动迟缓。他们的社会地位低于平均水平，可支配收入很少。
怀疑论者是最后接纳创新事物的群体，他们甚至可能永远不会接纳。

学以致用

■ 记住，该理论只适用于真正的新产品，不适用于已在逐步升级的产品，如定期更新的汽车。

■ 从创新者开始，每次把营销策略集中在某一个群体上。赢得一个群体后，以其作为基础继续争取下一个目标群体（见模型50）。

■ 早期营销策略在很大程度上可以通过社交媒体进行，因为创新者和早期适应者在网络上比较活跃。

■ 营销的最大努力目标就是跨越"鸿沟"，这是营销预算应该考虑的地方。既要从专业人士处获取最佳建议，也要听从自己的直觉，你应该比任何人都更了解自己的产品和潜在客户。

■ 基于饥饿营销的战略很可能最终被证明是弥合"鸿沟"的最佳方式。

- 如果你能创造网红效应，那么产品的销售势头会猛增，成为人见人爱的"玩意"。
- 别坐以待毙。

问题反思

- 我该如何用摩尔的五种类型来描述自己呢？
- 对摩尔五种类型的立场如何影响我对新技术的决策——我是一个狂热分子，还是一个怀疑论者？

糟糕决策： 1867 年俄国把阿拉斯加卖给了美国，从长远看，这是一项灾难性的决策。

模型 47　米尔格拉姆六度分离模型

用来了解社交媒体在以下方面的影响力：市场营销和品牌认知度。

斯坦利·米尔格拉姆（Stanley Milgram）是一位社会心理学家，他开展过臭名昭著的"服从实验"。他开展的另一项实验显示，任何一个人与世界上任何其他人之间有 2～10 个熟人/联系人，平均间隔人数为 5 个。相比而言，这项实验并没有那么罪不可赦，六度分离（初始人和 5 个熟人）的理论也由此产生。

尽管米尔格拉姆最初的研究存在缺陷，但微软证明这一理论实际上言之有理，他们发现平均分离度为 6.6。

声明：我与世界各国领导人的联系只差四步。

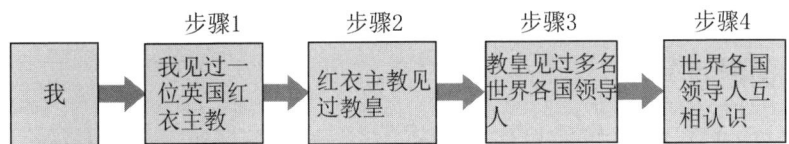

你可能会想，为什么这本书中包含一些看起来像狗皮膏药似的东西？答案是病毒式营销和社交网络的力量。

学以致用

■ 先玩会儿六度分离游戏。你在 Facebook 上有多少联系人？假设有 60 人，这 60 个人也各有 60 个联系人，这些人又各自拥有 60 个联系人。这意味着，只需要 4 度分离，你就有可能接触到1300 万人。

■ 从这些数字来看，无论在你自己的职业生涯中，还是作为一种促进组织发展和产品营销的手段，社交媒体都不容忽视。

- 你需要为你自己制定社交媒体方面的策略，如果有必要，为自己的组织制定社交媒体策略。

- 很有可能你的组织已经有社交媒体方面的政策和策略。如果是这样的话，请检查并确定如何才能贡献你自己的力量。如果还没有这方面的策略，而你又有能力贡献力量，那么就和组织中其他感兴趣的人一起制定相关策略。

- 在为你自己或组织开发社交媒体时，首先确定你希望通过社交媒体实现的目标。如果不清楚想要达到什么目标，那你就不太可能建立起成功而又独特的形象。

- 不要把社交媒体局限于诸如脸书、领英、推特这些知名网站上，寻找适合你目标的新媒体和利基网站。

- 在开发自己的站点时，请为员工和业务联系人设立单独站点。

问题反思

- 在勒德分子和社交媒体的狂热用户之间，你处于什么位置？
- 你清楚自己想通过社交网络政策达到什么目标吗？

优秀决策： 在 20 世纪 80 年代，"感恩而死（Grateful Dead）"乐队鼓励粉丝们拍摄并录制他们的现场表演，这为他们赢得了巨大的粉丝忠诚度，极大促进了唱片的销售。今天许多明星错过了这堂课，他们习惯性地羞辱那些敢于拍照的歌迷。

模型 **48** 金和莫博涅的蓝海战略

> 用此模型来帮你逃离疲惫不堪、人满为患的旧市场，找到新的
> 商海遨游。

金伟灿（W. Chan Kim）和勒妮·莫博涅（Renée Mauborgne）的模型用于区分所谓的红海战略和蓝海战略。不过，你应该意识到这种理论模型实际上只描述了应该做什么，并没有告诉你如何去做。尽管如此，该模型仍有其价值，可以帮助思考组织应该在竞争中如何定位。

红海战略	蓝海战略
■ 专注于在现有市场上击败竞争对手。	■ 寻找没有竞争对手的新市场。
■ 希望最大限度地满足现有需求。	■ 寻求发现、创造和开发新的需求。
■ 认为在价值和成本之间存在权衡，并相应调整战略。	■ 不相信在价值和成本之间存在权衡。
■ 认为蓝海战略关乎新技术。	■ 围绕产品差异化和低成本的理念调整组织的文化、战略、流程和活动。

蓝海战略（BOS）涉及创新以及创造性地思考组织希望进入的市场。

学以致用

■ 要知道实施蓝海战略并不容易，需要摸着石头过河，还要有创意。当然，蓝海战略也有几条指导原则。

- 你或组织的管理团队需要确定：
——哪些被产业认定为理所当然的元素需要剔除？
——哪些元素应该降低到产业公认的标准以下？
——哪些元素应该提升到产业公认的标准之上？
——哪些产业从未有过的元素需要被创造以满足消费者的需求？

- 在考虑上述问题时，重要的是根据消费者价值来进行讨论，而不是考虑竞争对手会如何反应。在你新开拓的"蓝色海洋"中，其实不存在竞争对手（至少最初是这样）。

- 首先要确定风险最小的潜在蓝海，不要进入高风险领域，这样有助于降低项目的风险状况。

- 避免陷入细枝末节，专注于宏观大局。

- 不要把时间花在考虑现有需求上。索尼制造随身听时，市场上并没有对这种小电器的需求。

- 重点放在如何建立强大的商业模型上，以确保长期利润。

- 应对新战略遭遇的有组织性的抵制/质疑（见模型 11 和模型 69）。

- 规划战略的实施，使用新的方法来鼓舞和激发员工并发挥他们的专长。

- 请记住，蓝海战略并不依赖新技术，以崭新和创新的方式利用现有技术同样也能产生机会。

- 你不必构建一个新的行业。已经存在于红海中的创意往往可以在新的环境中得到利用。

- 不要让竞争对手目前的成功影响你的设想。如果你找对了方向，可以通过改变海洋来消除竞争。

- 尽可能详细地计算每件事的成本和现金流。

问题反思

■ 为什么"蓝海"中没有竞争对手?

■ 组织对变革的态度如何? 公开阐述我的设想之前, 是否需要得到一些主要利益方的支持?

糟糕决策: 亿万富翁罗斯·佩罗在 1979 年决定撤回比尔·盖茨要求的, 对微软 5000 万美金的投资。

模型 **49** 离岸外包核心活动

> 出于战略原因希望将大部分核心业务移至海外时，请使用此模型。

"外包"和"离岸外包"这两个术语经常被混淆或交替使用。外包是指将打扫卫生或维护保养等非核心活动转移给专门从事该职能的组织。离岸外包是指将生产或 IT 支持等核心活动转移到另一国家。

学以致用

■ 要认识到确定是否要离岸外包是一项重大战略决策，需要对利弊进行详细评估并认真贯彻。

■ 作为一名管理者，根据自身资历，可以协助开发或"全权负责"离岸外包案例。无论是哪种情况，第一步都是明确潜在的离岸外包原因，通常包括：

——提高生产力（在保持或提高现有质量的同时降低成本）。

——提高效率（提高相同投入水平的产出数量，同时保持或提高现有质量）。

——获得生产力更高/资格更高/成本更低的劳动力。

——扩大组织在国际上，特别是在新兴市场的影响力。

——对竞争对手降低成本的反应。

——进入新市场。

■ 第二步是确定潜在的海外合作伙伴/目的地，并评估它们是否是理想的合作伙伴。例如：

——你正在考虑的合作伙伴所处国家的政治和商业文化怎么样？你能在这样的文化中经营吗？客户和其他利益相关方对你将工作转移到这样的国家/地区有何反应？

——本土劳动力市场能满足需求吗？

——与国家相关的成本情况如何？需要承担什么运输成本？

——是否有任何政治或安全问题需要考虑？

——这一变化对产品的质量将产生何种影响？

■ 第三步是确认需要离岸的产品或流程。要对每一种离岸外包产品的相关成本和收益进行详细分析（见模型 60）。特别注意利益相关方的反应（见模型 14）。

■ 第四步是对离岸外包国家的情况进行细致评估。如上所述，评估绝不仅仅限于财务因素，必须考虑到政治稳定性、文化、对外国人和外商投资的态度、腐败的普遍程度以及其他许多问题。

■ 如果你或员工的工作因离岸外包而面临风险，并且在此后不能确保获得新工作，那就考虑跳槽吧。利用在离岸外包过程中的工作经验来丰富自己的履历。

问题反思

■ 在离岸外包决策过程中，你可能扮演什么角色？

■ 如将业务外包到别的国家，你和其他管理人员需要在外包国实地工作多长时间？

优秀决策：西班牙的伊莎贝拉女王决定资助克里斯托弗·哥伦布寻找西行印度路线的第一次航行。这是蓝海思维（见模型48）及其回报的典型案例。

模型 50 摩尔的排头兵模型（前 11 大模型）

> 如果你的目标是在特定市场上取得支配地位，不妨使用此模型。

杰弗里·摩尔（Geoffrey Moore）的排头兵模型为企业如何一次征服一个利基市场，进而成长为市场领导者提供了指导。

排头兵模型意味着组织为了扩张，应该：
确定希望进入的利基市场，这里可能是他们目前的市场之一。
在继续扩展之前，集中精力在当前市场上以争取支配地位。
寻找新的利基市场，一旦取得市场支配地位后，继续重复这一流程。
利用在细分市场中取得的领先地位去进入下一个目标市场，并影响其客户。

随着由企业主导的利基市场数量的增长，企业取得主导地位并进一步扩张的速度会随着收购的顺利进行而加快。

学以致用

■ 确定你的最终目标是什么，例如，成为利赫菲尔德（Lichfield）独立零售商的顶级会计服务商。

■ 把会计服务市场细分成一系列利基市场，例如独立的报摊、烘焙店、蔬菜水果店、肉店、鞋店、服装店、礼品店、卡片店、咖啡馆、旅行社等。

■ 确定按照什么样的顺序处理个别利基市场。花些时间找出排头兵。如果排头兵弄错了，其他方阵就无法攻克。找到排头兵，可以帮助攻克第二方阵，第二方阵攻克后，第三方阵就会瓦解。

如，根据上面提到的市场行列中，可以确定以下攻占顺序：

报摊，

烘焙店，果蔬店，

肉店，鞋店，服装店，

礼品店，卡片店，咖啡馆，旅行社。

■ 处理利基市场的顺序应以每一层对下一层的影响力为基础。例如，镇上有几个报摊，他们认识镇上所有的人，并与人们交流。赢得其中一个客户，他们就会向其他人转诉。

■ 利用当地商会之类的组织来找出目标地区的主要商户。

问题反思

■ 我希望在哪个市场或分市场中成为领先者？

■ 我有什么市场情报？需要更多情报吗？如果需要，谁能提供呢？

> **糟糕决策：** 在 1983 年，《斯特恩》（*Stern*）杂志决定支付近 400 万美元以获取希特勒日记的出版特权，这些日记很快就被证明是伪造的。

模型 51　波士顿咨询集团矩阵法

在考虑产品和服务对组织的价值时，请使用该模型确定需要使用的策略。

　　作为一种分析模型，波士顿咨询集团（BCG）矩阵可以将产品分为四种类型。

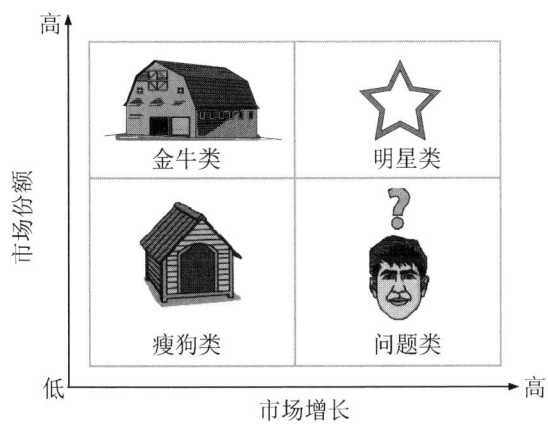

资料来源：Boston Consulting Group

表格解释
明星类（Stars）是已取得成功的产品，在竞争中表现强劲，投资回报良好，并有潜力增加市场份额。
金牛类（Cash Cows）是市场份额相对较高的产品，投资回报良好，但进一步提高市场份额的潜力不大。
问题类（Question Marks）是指产品的市场份额较低，但所处市场在不断增长中。
瘦狗类（Dogs）在低增长的市场中占有低市场份额的产品。瘦狗类产品之所以继续存在，是因为能产生足够的现金来实现盈亏平衡，但这类产品并不值得投资。

学以致用

■ 面对波士顿矩阵的调查结果你可以采取四大策略：

——确立市场份额：投入资金以增加市场份额。例如，把明星类产品变成金牛类产品。

——维持：投入足够资金来维持产品目前的市场地位。

——收获：降低对某产品的投资，使其产生的短期现金流和利润最大化，并将节省下来的资金用于其他产品/机会的投资。

——撤退：有些问题类产品潜力很小，而瘦狗类通常是停产或廉价出售的产品。通过这两类产品变现的资金可用于投资显示出潜力或具有明星相的问题类产品。

■ 使用帕累托法则（参见模型10）来确定利润最高和最低的产品。

■ 明星类产品是公司的未来。你的目标是最大限度地提高从这些产品中获得的收益并增加其市场份额。

■ 金牛类产品是成熟的、成功的产品，能继续产生良好的回报且不需要太多额外的投资。需要注意的是，不要认为这类产品及其赢得的客户都是理所当然的，就像产奶量高的奶牛一样，他们也需要得到维护。

■ 问题类产品可能有潜力，但就像是一场赌博，因为你必须持续投资以增加市场份额。作为管理者，你的工作就是决定哪些产品要支持，哪些产品要淘汰。这并不容易，因为新产品的早期表现并不能让你很快确定最终能否畅销。

■ 每个组织的资源都有限，而新的投资代价昂贵。因此，对投资哪类产品进行决策时，通常是瘦狗类产品遭停产，节省下来的资金用来投资其他产品，但在做出决定之前要先对瘦狗类产品的机会成本进行计算。如果某个具有强大购买力的客户真的喜欢某特定瘦狗类产品，你也不会想自己的决策令他们大失所望（见模型 14）。

问题反思

■ 对于哪些产品是明星类、金牛类、问题类或瘦狗类，我目前有足够的了解吗？

■ 我或组织是否过度依赖一到两类金牛类产品来获取大部分利润？如何平衡投资组合？

优秀决策：杰克·韦尔奇（Jack Welch）决定在通用电气（General Electric）资助设立世界级的企业培训中心——克罗顿维尔中心（Crotonville Center）。多年来，数百名人员在该中心接受通用电气文化和管理方式的培训，成为出色的管理者。

总结

前 11 大模型

要是还不清楚的话，我可以告诉你，简单有效、使用方法一目了然的模型往往能击中我的软肋。摩尔的排头兵模型符合这些条件。

乍一看，摩尔可能是在建议你一次搞定一项业务，并将其整合到你的企业，然后继续前进，但其实摩尔要高明得多。他让你对要从事的业务先进行一番思考，然后这样安排：通过搞定 A 业务，在某种程度上削弱了 B 业务的阻力，使搞定 B 业务的可能性也增加了，以此类推。就像在一场保龄球比赛中，一旦你把 1 号瓶打掉了，剩下的球瓶就会陆陆续续不停地倒下。

我敢肯定，随着企业开始利用互联网的销售潜力，以及公众对最新科技产品兴趣的不断增加，新的模型会继续出现。在等待发展的同时：

■ 请记住，产品的标准生命周期模型对产品生命周期总体描述仍然有用，但要思考可能遇到并必须克服的鸿沟（见模型 46），并制定应对这些挫折的策略。

■ 思考销售业务如何利用互联网的长尾效应（见模型 45）和米尔格拉姆的六度分离（见模型 47）来扩大销售和寻找新客户。

■ 利用蓝海战略（见模型 48）开拓新的市场，并关注离岸外包所带来的节约成本和扩大市场的机会。

■ 继续使用波士顿咨询集团矩阵来确定哪些产品需要支持、投资或放弃/廉价销售。

最后，还有些东西有待思考。如果维基百科的联合创始人吉米·威尔士（Jimmy Wales）没说错的话，下一次的巨大飞跃不是来自尖端技术，而是伴随低于 50 美元的廉价安卓智能手机的出现而产生。他预言，这种廉价智能手机一旦出现，非洲、印度、远东和南美洲的大部分人会迅速获得互联网的全部资源。这些地区有许多人一开始只是为了养家糊口，而后成长为一流企业家。他们已经拥有善于抓住机会的技能和想象力，他们的梦想会令人震撼。希望如他所言。

第七章

组织威胁分析

简介

本章是整本书最让人心惊胆战的一章。如果你是容易忧心的人，最好不要在睡觉前阅读本章——可能会比吃多了奶酪做噩梦更糟糕。本章处理一些谁都不愿意去思考的问题：可能对组织造成毁灭性打击的意外/不可预见的事件。

从过去制订计划时受欢迎的 SWOT 分析模型和 PEST 分析模型开始（见模型 52 和 53）。人们经常混淆这两种模型的真正区别，我认为这两种分析模型之间的真正区别不是像许多书说明的那样，SWOT 处理内部问题，PEST 处理外部问题。确实，SWOT 所处理的问题只会影响你的公司，而 PEST 则会影响你所在行业的所有公司。我也犯了管理顾问的大忌，认为大多数公司在列出一长串优势时都是在自欺欺人，他们通常会声称"我们拥有训练有素、尽职尽责的员工"，以此作为其 SWOT 分析的一部分。只有给你带来竞争优势的优势才是优势。在一个行业中，只有一两个企业敢说他们的员工具备这样的竞争优势。同样，劣势只有使你在竞争中处于劣势时才是劣势。

如果 SWOT 和 PEST 因素至少在某种程度上是可预测的，那么被描述为未爆炸弹或黑天鹅的事件则是极难预测，甚至不可能预测的。然而，由于此类事件会对组织造成巨大的损害，因此有必要尝试分析并制定强有力的策略来应对这些意外和不可预见的事件。这一策略需要以灵活变通、快速决策和良好沟通为基础。

该部分以"黑盒"模型结束。我们都用这样那样的"黑盒"工作。总的来说，它们运作良好，为我们节省了大量的工作。然而，一旦出错，一些"黑盒"有可能会对组织造成非常严重的损害。

模型 52 优势、劣势、机会和威胁（SWOT）模型（前 11 大模型）

这种模型用来确定组织所面临的优势（Strengths）、劣势（Weaknesses）、机会（Opportunities）和威胁（Threats），这些优势或劣势可以是竞争优势或劣势。

一般认为 SWOT 分析只涉及影响组织的内部因素。其实不然，好的 SWOT 分析着眼于组织特有的优势、劣势、机会和威胁，既可以是内部的，也可以是外部的。

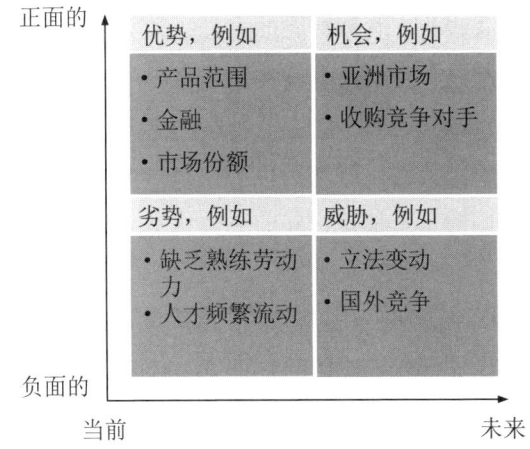

学以致用

■ 记住，大多数 SWOT 分析一文不值。为什么？因为人们忘了只有具备竞争优势或劣势，优势才是优势，劣势才是劣势，例如，你的员工技能熟练、尽职尽责，但只有当他们比竞争对手的员工更优秀时，他们才是优势。他们比竞争对手更优秀吗？

■ 召集组织中的某小组进行 SWOT 分析。确定并解释其目的，比如，你关注的是伦敦地区还是全国范围的市场份额问题？

■ 对未来的展望不要超过两三年时间。

■ 利用组织已经开始运作的信息，然后使用头脑风暴和本书中包含的一些模型来收集更多的想法/信息。

■ 鼓励团队成员使用走动式管理（MBWA）来收集额外信息。要让他们明白，每次使用走动式管理都需要提前确定目标，不是要去质问别人，而是要让他们参与交流，要使用开放式的、没有威胁的问题来引导他们说出详情。此外，还需要积极倾听，遇到感兴趣的东西要给对方一些提示，比如"我从来没有想过……可以说详细些吗？"

■ 除了走动式管理外，你和团队成员要利用每一次对话和会议收集额外的数据。有些人的观点不受欢迎，需要强调的是，对这些人也要倾听。为什么？因为新的创意总是从某一个人开始，在得到大多数人认可之前似乎显得非常愚蠢。

■ 在团队会议上，使用便利贴记录想法，然后把个人想法贴在墙上的相关主题下。

■ 分析和评估每个想法一旦实施后会对组织产生的影响及可能性（见模型 12 和 13）。使用定量（硬）和定性（软）数据以及个人见解来评估问题（见模型 3）。

■ 关注概率高、影响大的事件。如果发生的可能性超过30%，就值得进一步分析。

■ 对于发生概率超过 30% 的威胁，要简要概述应对战略，这样一旦威胁开始出现时，问题可以得到充分解决。

问题反思

■ 谁能帮助你开展 SWOT 分析练习？

■ 你是否评估过过去所做的 SWOT 练习的准确性有多高？

糟糕决策：乐购决定通过开设"新鲜＆便捷（Fresh&Easy）"便利店来扩大其在美国的业务，事实证明这是一场灾难，其在中国的情况也一样。

模型 53　政治、经济、社会和技术（PEST）模型

使用此模型来识别你主管范围内所有组织面临的机遇和威胁。

人们经常错误地认为 PEST（Political，Economic，Social，Technological）和 SWOT 两种分析模型的区别在于，SWOT 模型处理影响组织的内部因素，PEST 处理外部因素。实际上，真正的区别在于，SWOT 关注的是单一组织特有的问题，PEST 旨在确定影响特定范围内所有组织的问题，例如汽车制造商和逐步淘汰柴油发动机的措施。与竞争对手相比，你所在组织对这些不断变化的外部因素的预期和/或适应程度将决定你未来能否成功。

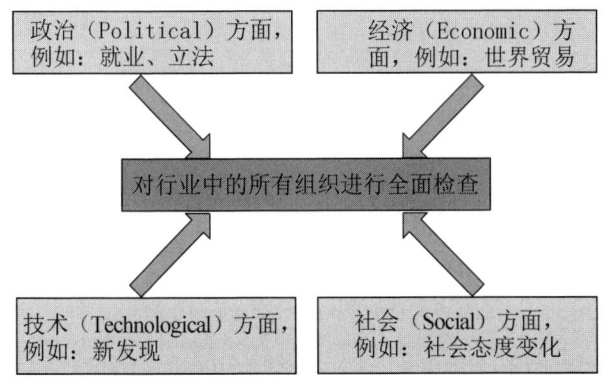

学以致用

■ 订阅一份优秀的、影响力大的报纸，以及与组织相关的行业杂志并经常阅读。此外，选择少量网站和博客并经常访问。这些报纸杂志和网络媒体应该能让你及时了解到对行业产生影响的任何变化。

■ 与营销团队核实一下，能否就报纸或网络上与自己组织相关的文章编写一份每月摘要。

■ 与所在部门的其他经理建立联系，行业或专业沙龙就是不错的选择。

■ 因为 PEST 模型关注外部世界，所以从各种不同人员那里获得信息很重要。组建一个小组，陈述 PEST 模型练习的目的，并举例说明要探索的因素。因为 PEST 模型的结果比 SWOT 的结果更具不确定性，所以把时间范围缩小到两年。

■ 使用本书介绍的各种模型、头脑风暴和组织已经收集的所有信息来识别问题。

■ 使用便利贴记录想法，然后把个人想法贴在墙上相关主题下。

■ 分析和评估每一个想法，其一旦发生会对组织产生什么影响，以及其产生的可能性有多大（见模型 12 和 13）。使用定量（硬）和定性（软）数据以及个人见解来评估可能对你造成影响的问题（见模型 3）。

■ 寻找高概率、高影响的问题。如果发生高影响事件的可能性超过 30%，就值得进一步分析（见模型 12 和 13）。

■ 对于所有已突破 30% 可能性的威胁，要简要概述应对策略。

■ 在日记中进行反思，记录所有感兴趣的事情。

问题反思

■ 我的组织/团队面临的主要变化是什么？

■ 我有应对这些变化的策略吗？

优秀决策：理查德·布兰森（Richard Branson）决定对英国政府将西海岸铁路特许经营权授予第一集团（First Group）的决策提出质疑。他的这一决定风险性很高，但是最终挽救了自己的铁路业务。

模型 54 未爆炸弹模型：未知和不可预见的主要威胁

> 该模型用来提醒你，每一个组织都隐藏着未爆炸的炸弹，一旦引爆，需要迅速做出反应。

未爆炸弹用来隐喻那些静静隐藏在许多组织中的风险，它们滴答滴答地慢慢倒计时，直到爆发并摧毁组织的那一刻。许多组织躺在这样的炸弹上却不知情。该模型的优势在于挑战人们的自满情绪，并要求他们识别潜在的威胁和确定应对策略。

为了应对这种炸弹，该模型认为组织需要：
识别潜在威胁
计算炸弹爆炸的可能性
预估炸弹的爆炸时间
确定要遵循的行动方针

炸弹通常与组织无法了解市场和/或对市场或行业内的变化不能做出快速反应有关。

学以致用

■ 未爆炸弹的问题在于你不知道自己不知道什么。识别可能的威胁是你的最大挑战，这需要创造性思维（见模型 20）。

■ 组建一个工作小组，遵照 SWOT 和 PEST 分析模型中概述的方法（请参阅模型 52 和 53），唯一任务就是识别对组织的生存具有巨大破坏性的潜在威胁。

■ 评估炸弹爆炸的可能性。有些威胁可能永远不会成为现实；

有些可能下周就会爆炸。电动汽车很可能会对汽油动力汽车构成威胁，但在未来五年内不会取代油老虎。人们有太多资本投资在现有汽油动力汽车上，所以不会为了购买新型电动汽车而轻易抛售。电动汽车革命即便会发生，也会是缓慢而稳定地进行。相比之下，由于人类遗传学的进步，未来十年内医学领域可能会发生重大变化。

■ 预估炸弹何时爆炸。如果是在十年后，你可能会认为太过遥远而不值得关注，因为随着时间的推移，情况可能会发生重大变化。如果你计算出在三年后爆炸，那就需要确定可以采取什么策略来拆除炸弹、延迟爆炸或控制爆炸造成的损失。

■ 拆除炸弹的策略包括：

——投资研发，建立防护网以消除面临的威胁。

——改变商业模型和/或实践。

■ 延迟策略包括：

——改进产品，尽力推迟产品遭淘汰的时间。

——改变商业计划，如加强网络销售以取代实体店面销售。

■ 遏制/消除策略包括：

——把生意变成全新的东西。

——卖掉企业，重振旗鼓。

■ 忽略可能性很小和/或非常遥远的事件通常不会有什么危险，但是黑天鹅事件会随时爆发（见模型 55）。

问题反思

■ 你对商业领域的创新和创意有多重视？

■ 组织中有人可以寻找威胁吗？如果没有，你是否可以承担并为人所知？

糟糕决策：第二次世界大战后，温斯顿·丘吉尔（Winston Churchill）赞成拆除由艾伦·图灵（Alan Turing）和邮政总局工程师汤米·弗劳尔斯（Tommy Flowers）制造的巨型计算机。当时普遍的观点是，和平时期不需要这类机器。

模型 55 塔勒布：黑天鹅模型和未知威胁

用来提醒你，在生意场上你唯一能确定的是不确定性。

纳西姆·尼古拉斯·塔勒布（Nassim Nicholas Taleb）的"黑天鹅模型"（Black Swan Model）是一个隐喻，描述的是非同寻常的事件，在发生之前，完全无法想象。与未爆炸弹不同，这种事件通常发生在组织之外。

黑天鹅事件必须满足四个标准：

1. 这件事对目击者来说触目惊心，就如在日本广岛投下的原子弹。

2. 这种情况会造成重大影响，比如核时代的到来和军备竞赛。

3. 事件发生后，人们对所发生的事情进行合理化解释，并开始相信只要他们/其他人关注到种种迹象，或者把现有各种信息（例如，科学家多年来一直在讨论分裂原子的想法）结合起来，事情其实可以预测。

4. 是否是黑天鹅事件由目击者确定。比如，对曼哈顿计划（Manhattan Project）的工作人员来说，广岛原子弹及其后果并不意外。

塔勒布并没有暗示我们要预测黑天鹅事件。相反，我们需要建立强大的系统，能够抵御突发事件，并由能够对这些事件做出快速反应的人来管理。

学以致用

■ 你如何计划应对未知和不可知事件？很难。所以要提前做好准备，以便黑天鹅事件发生时知道如何应对，不要吓得无法动弹，从提出问题开始，并立即确定事件可能对你和组织产生的影响。

■ 公共和私营部门的许多组织都有应急计划小组。如果你没有应急小组，那就召集部分人员一起讨论这些事件对组织的影响。使用 SWOT 和 PEST（见模型 52 和 53）以及未爆炸弹模型（见模型 54）作为识别潜在威胁、机会和前进道路的方法。

■ 实施"紧急措施"来应对任何威胁，并就如何利用机会提出想法。3D 打印首次宣布时是潜在的黑天鹅事件，但是因为没有立即威胁到现有的生产方法所以没有必要用这样的术语来描述。其造成的影响日益临近，你的组织为此做了什么准备？

■ 制订计划时，要保证计划的灵活性。计划的目的是帮助你达到目标。计划不应该是一件紧身夹克。当事情让你偏离正轨时，要对如何实现目标重新进行评估。要敢于走弯路和回头路，但永远记住最终目的地并奋勇前进。

问题反思

■ 你的思维和计划是否灵活？

■ 你期望事情按计划进行吗？如果是，为什么？

优秀决策：西尔斯、罗巴克于 1906 年开始经营商品目录业务，并开拓一个全国性的新市场。为了满足需求还与其他公司合作，例如与亨利·福特等一起开创大规模生产。

模型 56 "黑盒"模型

该模型用来提醒你，如果觉得从"黑盒"中输出的数据不正确，你应该进行调查，而不是轻易接受。

世界日益复杂。如今我们在日常生活中使用非常复杂的机器/系统/结构，我们称之为"黑盒"（Black Boxes），因为不知道它实际上是如何运作的。比如你了解卫星导航的内部运作吗？我猜你不知道。然而，我们心甘情愿地接受它导致的后果，就像有时人们跟着导航把车开进了河里。

生意场上也是一样。我们将数据输入极其复杂的系统，对"黑盒"（系统）内发生的事情知之甚少甚至一无所知，但我们乐于接受正确的输出并对其采取行动。

现在大部分时间"黑盒"工作正常，不过一旦出错时，组织可能会面临巨大问题。例如，近年来，许多股票系统不得不下线，因为当市场出现一系列特殊但无威胁的情况时，它们会自动发出卖出指令。这些抛售在受影响的组织中造成了暂时的混乱，我敢打赌，大多数情况从未公之于众。

有些错误影响稍小，比如在过去的几年里，邮局起诉了100多名邮政分局局长欺诈。这件事导致大多数人失业，许多人甚至进了监狱。直到 2015 年，邮局才发现问题出在他们的软件上，且没有欺诈行为发生。

你需要警惕"黑盒"产生的问题。

学以致用

■ 你无法避免和"黑盒"一起工作，谢天谢地，大多数时候它们会做它们应该做的事情，让你的生活更轻松。但你必须记住，它们本质上是某些人设计的愚笨系统，因此必须保持警惕。

■ 不要仅凭信任接受"黑盒"带来的结果。如果信息看起来错误或者很奇怪，那很可能就是错误，你的潜在知识在告诉你要小心谨慎（见模型8）。

■ 为你希望从"黑盒"中看到的结果建立一些参数。可以通过一段时间的记录了解分值分配情况。如果结果超出这些范围参数，要去查询并寻求解释，尤其是在错误似乎日复一日的加剧时。

■ 许多"黑盒"是作为一个整体出现的，但有些是专门为组织设计的。如果是这样的话，试着参与设计。技术人员在设计系统之前，需要了解系统应该做什么，确保他们拥有符合你利益的最准确信息。

■ 如果是一个普通的"黑盒"，尽你所能了解它是如何运作的。专业知识是管理者可以获得的五种权力之一（另外四种为：法律权力、奖励权力、强制力和领袖力），即便你对"黑盒"只有基本了解，你也很可能成为专家。

■ 监督媒体报道"黑盒"故障。建立一个关于这些事以及相关组织如何处理这些事件的数据库。然后选出所有好的点子归档以备将来使用。

问题反思

■ 如果出现错误，你使用的那些"黑盒"有可能造成一系列损害吗？

■ 你有什么计划来应对"黑盒"的失败？

糟糕决策：日本搜索引擎 Excite 的首席执行官乔治·贝尔（George Bell）在 1999 年拒绝了以 75 万美元收购谷歌的机会。

总结

前 11 大模型

之所以选择 SWOT 模型作为前 11 大模型之一，是因为一旦使用得当，该模型可以为决策者提供极佳的信息。

这些年来，SWOT 分析遭遇许多媒体的负面报道，在一定程度上是因为其使用已经普及，但更重要的是，大多数人认为这种模型浪费时间。因为他们甚至可以在开始之前预测图表上的最终结果。这确实令人遗憾，实际上 SWOT 模型是非常有用的工具。

为了重新挽回 SWOT 分析模型的信誉，进行测试的人需要采取更加严格的方法：

■ 认识到并非所有的优势、劣势、机会和威胁都是平等的。一个大的优点可能超过许多缺点；一个大的缺点可能破坏许多优点。

■ 只有提供竞争优势的优势和机会以及造成竞争劣势的劣势和威胁才应包括在分析中。要确定这一点，需要对竞争对手进行大量研究。许多公司没有也从未进行过研究。

■ SWOT 分析模型提出的所有重要想法都必须得到充分评估，并在适当的情况下进行成本估算。

2002 年 11 月，地平线（Horizon）运行了有关巨浪（giant waves）的项目。这些波浪不是海啸或潮汐波，而是突然出现的巨大的水墙，会对撞击的任何船只造成巨大的破坏。从大多数历史记录来看，海啸故事常被认为是水手的谎言。现在我们知道巨浪的存在——只是如何形成仍不清楚。

巨浪是一种可能带来灾难性后果的意外事件。本章讨论的极端威胁与它们有许多相似之处：极难预测，甚至不可能预测；突然来袭会给公司带来巨大损失。

我们所讨论的模型都没有提供预测威胁的方法，但所有这些模型都鼓励你审视地平线上可能的，甚至看起来不可能的威胁，并制订应对这些威胁的应急计划。例如，"9·11 事件"是如此不可思议以至无法预见。美国惊悚小说作家汤姆·克兰西在 1995 年写了《荣誉之债》(*A Debt of Honour*)，讲述了一名日本恐怖分子将一架大型喷气式飞机撞向国会大厦，杀害了总统和政府的大部分人员。我清楚地记得，读完这本书后，我会想："是的，言之有理。"谁敢打赌基地组织人员没读过这本书？

对于那些你无法预测的威胁，必须建立一个能快速反应、灵活应对灾难的组织。

对于可预测的威胁，需要评估其发生的可能性，以及如果真的发生会产生什么影响。对于任何有 30% 或更高概率发生的严重/代价昂贵的威胁，应该制定应对策略。通常一项策略可以用于应对多个威胁（参见模型 12 和 13）。

第八章

财务和统计模型

简介

如果说社会的运转离不开爱，那么商业世界的运作则离不开财务。尽管我在本书中一直支持在决策中使用定性数据，但我也意识到，许多决策都涉及财务问题，即决策是否产生利润？你无法避免，财务问题不可回避。

我猜你已经对这部分的模型有了一些经验，具体多少，我并不清楚。所以如果我在班门弄斧，希望你不要介意。作为一个受过会计培训的人，我也曾遇到过一些虽不是会计但也精通数字的人，不过这是例外。大多数管理者能够胜任工作，知道自己要学习什么，并在需要的时候努力学习；也有少数管理者在财务方面一无所知，这对组织来说是个威胁。比如说，某个组织的首席执行官不知道现金和利润之间的区别，并认为只需增加销售数字就可以平衡预算。

我不知道你的财务知识水平如何，但我给你的建议是，无论使用本章中的哪种模型，最好能从会计师那里获得一些帮助，这本来就是会计师的职责。除此之外，会计也喜欢被需要（说"被爱"可能言过其实）的感觉，所以有空就到会计身边转转，增进友好关系，多和他们聊聊。（为什么从来没有一个超能英雄的秘密身份是会计师？）

如果你是一名正在使用这些理论的会计师，你无需告诉我你是如何使用的，但我想提醒你，应该走出办公室，和参与决策的管理者谈谈。你或你的员工应该亲自收集所需信息，不要发送电子表格让管理者填写，也不要通过电子邮件指定一长串所需的数据。我已经说过管理者不可能将他们所掌握的所有信息传达给任何人（见模型8）。没错，如果你登门拜访，会比你坐在自己办公室里了解到更多关于对方领域的东西，甚至可能改变你计算/解释数字的方式，同时也会让对方感受到很大的善意。

模型 57　风险-回报分析

用该模型来确定风险和回报之间是否有合理的平衡。

　　风险-回报模型（The Risk-Reward Model）试图在一份简单的图表中捕捉可供管理层使用的各种选项。用垂直轴表示"回报"，水平轴表示"风险"，就有可能确定每个选项在表格中的位置。

　　像这样简单的可视化演示消除了详细参数和数据可能产生的混乱，是最终决策的有力辅助。

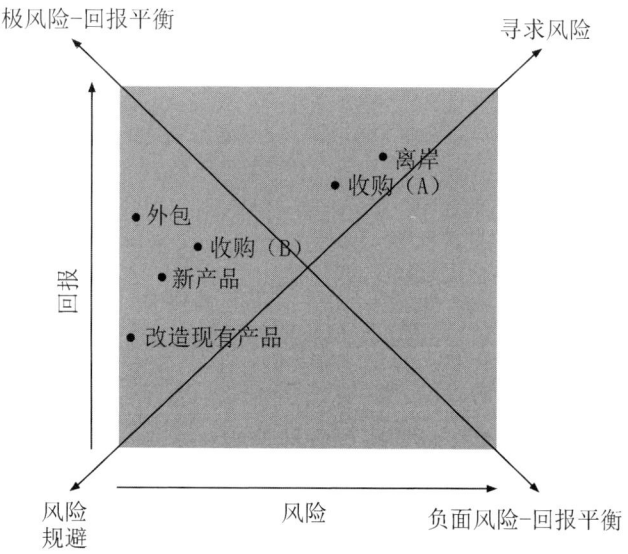

资料来源：Van Den Berg, G; Pietersma, P, Key Management Models, 3e., c 2013, p. 221. Reprinted and electronically reproduced by permission of Pearson Education, inc.,

New York, NY.

使用这种分析，甚至可以将"苹果和梨"进行比较，即利用新产品改组，并在资源有限时确定对哪个项目给予支持。

学以致用

■ 请记住，风险-回报分析可以通过各种方式进行。在对某个项目开始正式评估之前，可以先进行一次"快速、笼统"的分析，看看这个项目是否有潜力。

■ 确定你希望评估的新活动、产品、流程和服务。

■ 选择某个团队来帮助完成该项目。吸引组织中各类人员参与，因为你需要各种各样的技能来评估各种选择。

■ 使用定量和定性数据对每个选项进行详细评估，并绘制在上面的"风险-回报"图表上。

■ 确定与每个选项相关的风险因素，例如：对利益相关方的影响、组织的市场地位、声誉、竞争力以及当前和未来的战略。

■ 与团队共享信息，并在必要时修改预测。人们有夸大回报和低估项目风险的倾向，对假设的支撑数据提出质疑至关重要。

■ 审核那些回报高但风险也高的项目，探讨如何降低风险。

■ 对所有符合组织风险状况的项目进行排名，不符合的项目予以排除。假设并不是所有的项目都能获得资金和/或同时有两个或两个以上的项目需要相同资源，但只能选择其一，请先将待选择的项目列出。

■ 不要过分简化分析。现有产品和新产品之间以及多个新产品之间往往存在复杂关系。例如，如果某新产品出乎意料地被客户视为现有产品的廉价替代品，你可能会毁掉利润丰厚的现有产品市场。保时捷在推出 Boxster 车型时，巧妙地避免了让该产品成为保时捷 911 车型的替代品。

■ 如果你是中层管理者，在这个过程中的角色很可能为团队提供信息。利用这个机会展示你从整个组织而不只是自己部门角度思考问题的能力。如果证明自己能顾全大局，你会受人关注。

问题反思

■ 该组织有风险-回报分析吗？如果有，你了解吗？如果没有，你会去建立吗（见模型31）？

■ 你与其他部门管理者之间的联系如何？需要改进联系和关系网吗？

优秀决策：1908 年，威廉·胡佛（William Hoover）决定不再生产马车配件，转而生产真空吸尘器，这一决策时机的把握堪称完美。

模型 58　卡普兰和诺顿：平衡计分卡

> 该模型可用来帮助你调整组织的预算和战略计划。

罗伯特·卡普兰（Robert Kaplan）和戴维·诺顿（David Norton）的平衡计分卡模型（BSM）试图解决这样一个问题：组织的预算很少与其长期战略计划/愿景完全一致，这是因为财务因素而不是非财务因素受到过多关注。

他们列出了组织最重要的三个非财务因素：
1. 与客户的关系
2. 核心内部流程
3. 学习和成长策略

将组织的这些因素纳入考量，管理者发现自己对组织的看法发生了变化，他们不再主要从财务的角度来看待组织。实际上，平衡计分卡模型为组织的核心工作提供了与其战略相一致的框架。

学以致用

■ 记住，不管你在执行平衡计分卡模型中扮演什么角色，都需要理解其关键特性，这要么有助于对过程进行管理，要么对过程做出有效贡献。

■ 记住你的目标是将短期财务目标与组织的长期战略计划联系起来，可以通过将以下四个过程连接起来而实现。

——组织愿景：建立并实施组织愿景，并不断寻求支持。

——沟通和教育：向所有员工传达组织的目标，并解释他们在实现这些目标中的作用。培训员工，使他们能够实现组织的目标，并将薪酬与业绩挂钩。

——业务规划：使用业务规划来设定帮助组织实现其战略目标的计划，并通过使用阶段目标来监督实现情况，目标看起来无法实现时要及时采取行动（见模型68）。

——收集和使用反馈：不断解释和促进组织的共同愿景。与此同时，收集战略和业务数据，为未来的战略规划以及培训和发展方案提供信息。

■ 让各级管理人员参与这四个过程的目标设定。这将确保他们理解并认同这项策略，并有能力与员工一起推动策略的实施。

■ 鼓励管理者将新策略和目标逐级细化。使用平衡计分卡向员工展示其个人目标的实现如何助力组织长期战略的实现。

■ 对所有必须实施该系统的人员进行培训和培养。此外，为所有工作人员安排研讨会或例行会议。不过，仅仅依靠单次活动是不够的，如果平衡计分卡模型想要成功，必须是一个持续教育、培训和信息提供的过程。

■ 考虑如何将工资和其他奖励与团队和个人绩效指标联系起来。但请记住，财务奖励不能长期激励员工（见模型40）。激励员工的是工作和成功后获得的认可，这是每项平衡记分卡模型实施策略都应该考虑的东西。

■ 不要坐以待毙。不断回顾、改进和改变系统。完美可能永远无法达到，但不能因此而放弃对完美的追求。

问题反思

■ 谁全面负责推动平衡记分卡战略？

■ 我自己的专业知识是否让我低估了一个或多个因素的重

要性?

糟糕决策: 帕克上校（无其军队服役记录）决定不允许埃尔维斯·普雷斯利（Elvis Presley）周游世界捞钱。人们一直认为他这样做是因为他是非法入境的外国人，不想去申请护照。

模型 59 贴现现金流（DCF）：计算未来回报的当前价值（前 11 大模型）

> 在比较未来的现金流时，可以使用这种模型：即按照当前的价格计算确定哪个选项能获得最大回报。

随着时间的推移，通货膨胀会侵蚀货币的价值。今天 1000 英镑的价值会比三年后的价值更高，因为到时候通货膨胀将会降低其购买力。正因为如此，在计算投资回报时，有必要考虑货币贬值，以得出现金流的净现值（NPV）。

下表显示了购买一台价值 10 000 英镑的新机器所产生现金流的净现值，这台机器将在五年内更换。贴现率设定为未来五年每年 3.5% 的预估通货膨胀率。

描述符	AP	贴现率 3.5%	NPV
第 1 年当年附加利润（AP）	3 000		3 000+
第 2 年利润	3 000	96.5	2 895+
第 3 年利润	3 000	93.0	2 790+
第 4 年利润	3 000	89.5	2 685+
第 5 年利润	1 000	86.0	860+
净现值收入总额			12 230+
按净现值计算的购买价			10 000+
超过机器成本的贴现现金流			2 230+

基于以上分析，购买这台机器物有所值，因为该机器在五年内按今天的价值能增加 2230 英镑的利润。然而，如果选择的通货膨胀率被证明低估，结果可能变得毫无用处。

　　大多数公司还会有一个"门槛回报率"，这是所有投资所要求的最低年度回报率。这个百分比将包括在贴现率中。

　　贴现现金流是评估个人投资或竞争性投资的重要财务工具。

学以致用

　　■ 通常，贴现现金流由会计使用广泛信息进行计算，包括：

　　——投资成本，比如，全部成本是在第一年支付还是在资产的整个生命周期内分摊。

　　——如何估计未来现金流的详细信息。

　　——预计所有投资都将达到的最低"门槛回报率"和通货膨胀率的详细信息。

　　■ 可以明显看出，任何贴现现金流计算都包含许多难以量化的变量。这对计算所能达到的精确度水平有影响。因此，要使用贴现现金流而不是精确计算作为未来回报的指标。

　　■ 一个或多个项目竞争有限资源时，贴现现金流提供了对不同提案进行比较的方法。在同等条件下，你通常会选择净现值超过成本最多的项目或投资。当然，你也可能会拒绝该选项，而去选择风险较小的方案（参见模型 31），或者回收成本最快的方案。

问题反思

　　■ 你多久才会向会计了解一次财务信息？

　　■ 你需要和会计建立更好的工作关系吗？他是企业重要的看门人。

> **优秀决策：**盛田昭夫（Akio Morita）观察到年轻人喜欢随时随地听音乐，索尼随身听的诞生是基于个人观察，而不是市场研究。

模型 60 成本效益分析：考虑非财务因素

使用该模型可以帮你了解决策中无形因素的财务价值。

麦克纳马拉谬论模型（见模型 2）显示了考虑难以量化或看似不可能量化数据（如员工士气）的重要性。成本效益分析（CBA）试图通过为决策产生的所有成本和效益分配财务价值来解决这个问题。可以在事后以非正式方式进行计算，也可以作为详细而正式的过程来计算，包括对重大投资决策所产生的未来收益和成本进行彻底的评估。

成本效益分析经常用于公共部门项目。在私营部门，贴现现金流（见模型 59）仍然是首选的评估方法，成本效益分析不太受欢迎。不过成本效益分析常用来计算品牌价值和企业形象等无形资产。此外，如果公司开始实施对当地甚至区域有重大影响的项目，这种方法的使用也越来越多。

私营机构与国家或地方政府签订合同时，经常要使用成本效益分析。例如，成本效益分析已经用于证明英国高速铁路 HS2 项目 400 亿成本的合理性。事实上，围绕英国高铁 HS2 的大部分争议之所以产生，是因为不清楚该项目的无形成本和收益如何计算。

学以致用

■ 作为管理者，不太可能有人要求你进行成本效益分析。更可能的情形是参与项目的会计师、经济学家、统计学家和规划师要求你提供信息。

■ 根据你在组织中的职位高低，可能需要严格评估生成成本效益分析报告或为生成该报告而采用的流程。如果是这样，你应该提出的问题包括：

——在调查和撰写报告时使用了哪些基本假设？

——成本和收益是如何计算的？特别注意那些无形成本和收益。这是"专家"进行最高水平"专业性评判"的地方。

——如果贴现现金流用于计算未来成本和收益的净现值（见模型 59），则要确认计算中使用了什么通货膨胀率和门槛回报率。

——要知道对未来成本和收益预测得越长远，计算则越不准确。

——分析中遗漏了哪些因素？哪些风险被低估/夸大了？哪些收益被低估/夸大了？

问题反思

■ 我的公司使用成本效益分析吗？上一次进行成本效益分析是什么时候？

■ 谁能告诉我更多有关组织成本效益分析的信息？

糟糕决策：1969 年，乔治·拉兹比（George Lazenby）在《女王陛下的特勤局》（*On Her Majesty's Secret Service*）获得巨大商业成功后，拒绝了再次出演詹姆斯·邦德（James Bond）的机会，因为他的高级顾问们认为，其他工作机会将纷至沓来。结果并没有。

模型 61　盈亏平衡分析：了解能否降价销售

> 如果组织已经收回所有固定成本，并且想要考虑降低某产品的价格，请使用此模型。

通常情况下，管理者面临的问题是要么降低产品价格并赢得一份大合同，要么拒绝降价而损失惨重，幸运的是盈亏平衡分析（BEA）可以提供一些帮助。在开始之前，有必要对一些成本术语进行界定。

固定成本是指那些无论生产水平如何都保持不变的成本。例如，仅仅因为产量从 100 000 台增加到 102 000 台并不意味着行政工资、费率、办公室取暖和照明、广告或审计等费用的增加，也不意味着你必须购买新的机器或厂房来应对这种变化。在一定范围的生产中，固定成本基本保持不变。

可变成本随生产水平的提高而增加，包括生产过程中使用的原材料、组件、包装或电力等成本。

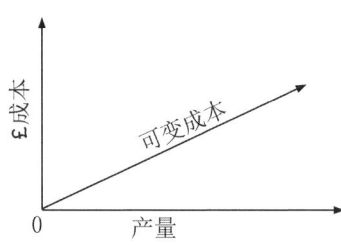

半固定成本是指在一定生产水平范围内保持不变，但超过一定范围后会突然上升到较高水平的成本。例如，用现有机器最多可以生产 109 999 台，但是如果你想将产量提高到 110 000 台以上，你必须购买一台新机器，因为旧机器已经满负荷工作。此外，必须雇用新员工来操作这台新机器。

为了收支平衡，每个组织都必须收回固定成本和可变成本。例如，一家企业只生产售价 20 英镑的产品，单位可变成本为 10 英镑，固定成本为 100 000 英镑。盈亏平衡点是多少？

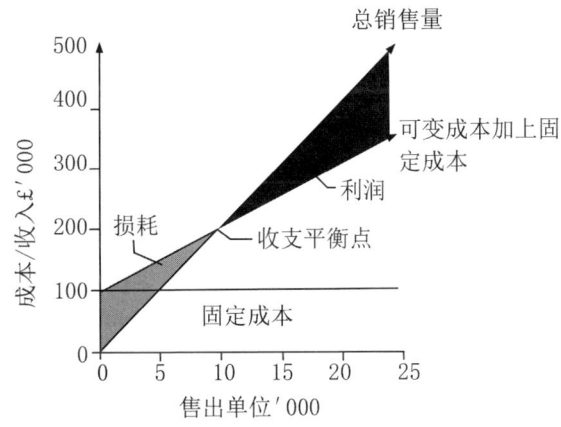

一旦达到盈亏平衡点，每售出一台设备就产生 10 英镑净利润（销售价格 20 英镑−可变成本 10 英镑＝利润 10 英镑）。这是因为所有的固定成本都已收回。这使得管理层可以自由决定是否希望暂时将产品价格降低到 18 英镑，以此作为增加销售额或增加市场份额的策略，或者保持价格不变，并享受每销售一件产品获得全部 10 英镑利润。

学以致用

■ 令人开心的是你不必为自己控制的任何产品计算盈亏平衡点。交给会计师吧。

■ 向会计了解所生产/管理/销售的每种产品的盈亏平衡点。

■ 监控每种产品的单位销售额，如果产品已经基本达到盈亏平衡点，请会计予以确认。

■ 可能其他产品无法收回所分配的全部固定成本，在这种情况下，你的产品带来的额外收入将用于弥补短缺。

■ 如果不必支持其他产品，你可以：

——保持现有价格，并享受 10% 的额外利润。

——降低价格以争取更大的市场份额。

——降低价格赢得一份大合同，同时保持所有其他客户价格不变。

■ 请记住，一件商品的成本与销售价格的设定无关。销售价格是由市场供求关系决定的。成本只会告诉你是否能生产出低于当前售价的商品，并因此盈利出售。一件商品成本是 200 英镑，并不意味着任何人都愿意花 250 英镑购买。同样，制作成本不到 5 美分的漫画也可能卖到一百万美元，就像《惊奇幻想》第 15 期（1962 年蜘蛛侠在该漫画中首次亮相）最近的售价一样。

■ 如果某一商品的成本低于市场价格，可以决定进入市场。但是在进入市场之前，需要确定如果将资源投资于别的产品，是否能获得更好的回报。

■ 有时你需要亏本出售商品。例如：产品目前没有订单，但你预计两周内会获得一份新订单。与此同时，你的员工会去做诸如清洁和家政之类的临时工作而获得报酬。这时有客户下订单要以每件 18 英镑的价格购买 2000 件小商品，订单可以在两周内完成，由于小商品还没有达到盈亏平衡点，接受订单意味着每件产品损失 2 英镑，但如果你不接受，每件产品就会损失 18 英镑的成本/利润。在这种情况下，除非你能雇佣员工在未来两周内生产超过 36 000 英镑（2 000×18 英镑）的产品，否则接受订单是值得的，当然，你不能每个订单都这么操作。

■ 至于你会用哪种成本来决定是否值得进入市场，最安全的选择是使用完全吸收成本法（full absoption cost）。只有在达到盈亏平衡后，你才可以根据产品的边际成本做出决定，任何决策都应该在会计师的帮助下做出。

问题反思

■ 会计师掌握着组织产品盈亏平衡点的哪些信息？

■ 组织是否鼓励使用边际成本？

优秀决策：1900 年，美国许多著名科学家公开宣称比空气重的机器永远无法飞行，莱特兄弟却决定继续建造他们的飞机。

模型 62 差距分析：缩小预测与目标之间的差距

此模型可用来缩小预测和目标之间的差距。

差距分析（Gap Analysis）通常被错误地描述为目前所处位置和目标位置之间的差异。根据约翰·阿根蒂（John Argenti）的说法，差距分析实际上与预测和目标之间的差异有关。预测和目标不一样吗？可以说，确实不一样。

预测是使用过去的业绩数据和做出预测时可用的最佳信息构建的。因为着眼于未来，永远不可能完全准确。这是当时人们能做出的最佳估计，通常用连续三年的数字来表示并随着组织形势的变化而更新。

目标是管理者设定的东西，例如明年我们的生产目标是 20 万台。这一目标可能不是基于过去的数字或未来的预测，可以是一个凭空而来的数字，旨在激励员工。目标是你想要达到的；预测是你认为会达到的。

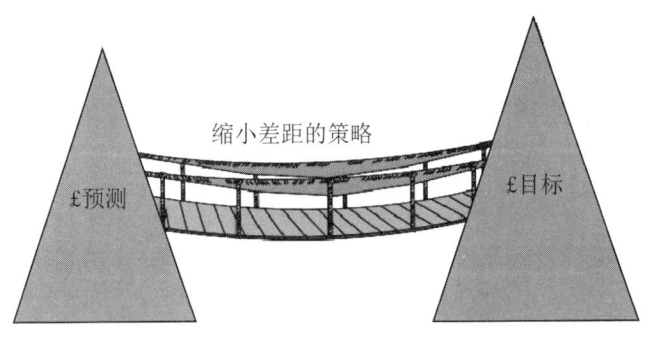

学以致用

■ 举个例子，我们使用销售作为差距分析的主题。现在预测你明年的销售额为 2000 万英镑；而你决定设定 2500 万英镑的目标。

■ 与团队合作，使用包括 SMART 目标在内的一系列模型（参见模型 16、17 和 68）来制定缩小 500 万英镑差距的策略。

■ 大多数好的想法/计划在实施阶段会失败，因为管理人员认为一旦获得许可，想法/计划就能自然而然得到推广。这纯属弥天大谎。因此，你的实施团队应该由那些执行力强的员工组成，如果他们能参与计划制订就更好了。

■ 利用执行团队帮你打探消息，积极回应员工对你提出的相关改革建议的关注。

■ 记住，只要涉及改革的问题，方方面面的良好沟通都是必不可少的。

■ 在评估时，通常的做法是根据最佳、最差和一般情况做出三种预测。随着时间的推移，很快就会清楚哪种预测最接近实际业绩，可以用来与目标进行比较。

■ 坚持要求提交月度报告，显示销售预测、实际销售和目标销售额之间的差异。如果这三个数字之间的差距显示出趋同的迹象，那么继续坚持并努力找出其他有利于进一步增加销售的举措。如果差距保持不变或扩大，找出原因并采取纠正措施。当然，也可能选择放弃无法实现和不切实际的目标。

■ 你的目标是在年底前缩小差距。这意味着随着这一年的进展，任何新的提议都必然受到不断减少的时间期限的制约。这可能会导致一些好的创意被排除在外，可以将这些创意记录下来争取明年落实。

问题反思

■ 我是否将预测数据视为目标了？如果是的话，需要对自己和员工提出更高要求吗？

■ 我设定的目标是帮助组织实现目标，还是有助于次优化？

糟糕决策：1919 年波士顿红袜队（Boston Red Sox）决定把贝比·鲁斯（Babe Ruth）交易给纽约洋基队（New York Yankees）。从此，贝比·鲁斯一举成名，以致人们称洋基体育场是"为鲁斯而建"，而红袜队在 86 年后才重新赢得"世界系列"棒球大赛的冠军——这就是著名的贝比·鲁斯魔咒。

模型 **63** 零基预算法：合理削减预算

> 当你不得不大幅削减预算时，使用此模型。

在职业生涯的某段时期，大多数经理都曾有过被要求大幅削减预算的经历。许多人的自动反应是将他们管理的每项预算削减10%、15%或20%。这是个错误，并非所有预算都是平等的，削减基本预算会削弱一个组织通过交易摆脱困境的能力。

尽管会计人员竭尽全力，但大多数管理者仍使用所谓的增量预算。他们计算去年的预算或实际支出，从上一年扣除非经常性支出，并加入到他们在下一年可以预见的任何新支出中。

但是要求大幅削减预算时，使用增量预算是行不通的。我们需要的是一种从零开始的方法，这种方法忽略去年的数字，从一张白纸开始，从零基线开始编制每项预算。使用这种方法，可以在不影响运营的情况下节省大量资金。

学以致用

■ 与你的会计师讨论你打算做什么，并请求他们帮助。大多数会计师非常乐意帮忙，因为这能让他们洞察管理者如何编制预算以及编制预算时的优先事项。

■ 从检查团队的运营计划开始。如果尚无计划，可列出团队在接下来一年中要完成的所有工作。将此列表按条目进行预算编制。

■ 为你负责的每项预算条目创建单独的工作文档，例如人员、材料、办公用品等。

■ 依次列出每份预算，并计算需要花多少钱来完成你列出的工作。比如计算薪酬支出时，列出每一位员工的姓名和获得的薪酬，考虑他们在下一个财政年度可能获得的任何奖金或加薪，这就是你的基本人事预算。然后确定可以通过减少员工数量或工作时间来节省多少资金。最后，回顾一下团队人员流动的数字。在明年每个职位空缺填补之前，计算一下因人手短缺少支付了多少薪酬，从基线数据中扣除所有节省出的资金。

■ 与你的会计协作，计算如果减少生产量，在直接成本和间接费用上的花费可能是多少。把这些节省下来的资金记录下来，然后把每一项预算都列出来，看看是否可以进一步削减。例如，通过更具创造性地使用电子邮件、短信或社交媒体，可以在多大程度上降低文具成本？比如，从一到两家供应商那里进行批量购买？降低所用纸张的质量，例如用 80 克的纸替换 100 克的纸等？这种质疑式方法可以适用于所有支出项目。

■ 不要把任何秘密的应急基金包括进去；让会计加上通货膨胀数字，否则不同的管理者会使用不同的利率。

问题反思

■ 谁能帮我分析预算？

■ 我必须不惜一切代价保证哪些预算？

优秀决策：山姆·沃尔顿（Sam Walton）决定让所有沃尔玛员工在周六开晨会。这些会议鼓励一种快速分享信息和做出决策的文化，这样既提高效率又有利于增长。

总结

前 11 大模型

我选择了贴现现金流（DCF）作为"前 11 大模型"，因为根据我的经验，除非贴现现金流计算显示正回报，否则项目极有可能不会获得批准。贴现现金流几乎可以描述为"决策的最终仲裁法庭"。

我们要知道，贴现现金流自古有之，不过在 20 世纪 70 年代通货膨胀率达到两位数时，才再次受到广泛关注。贴现现金流最早只是会计师所做的模糊统计，后来成为管理者口中的流行语，直到今天仍被广泛使用。

然而，当通货膨胀率较低或不存在时，投资的门槛回报率就成为计算中的关键数字。门槛回报率应由董事会设定，既反映市场上的资金成本，也反映该组织所在行业的正常回报率。

如果你想做出有利于自己的决策，必须确保贴现现金流站得住脚。

虽然贴现现金流模型通常用来决定哪些项目会获得批准或遭到拒绝，但对职业经理最有用的模型可能是从零开始的预算编制（见模型 63）。我这么说的原因很简单，几乎每位管理者都有一项或多项预算责任，不可避免的是，在职业生涯中，他们经常会被要求削减预算。零基预算法让你既能够为预算减肥，又不会在手术中误将任何瘦肉或重要器官去除。

至于其余模型：

■ 提出建议时，确保组织的风险可控（见模型 31）。如果你总是要求组织批准其舒适区之外的高风险决策，就会无法获得同意。

　　■　无论你在组织中处于什么层级都要支持平衡计分卡理念（见模型58）。如果企业能够平衡组织内部相互竞争的需求，而且不让某种需求占主导地位，就会取得最大成功。

　　■　使用成本效益分析（见模型60）来评估收集的软数据（见模型3）。严格使用成本效益分析，不要让人们凭空捏造数字；要求全面评估成本和收益，并使用逻辑方法计算数字，不要屈服于压力去改动数字。如果改动的数字将来证明是错误的，可以肯定的是，受到批评的将会是你，而不是施加压力的人。

　　■　尤其重要的是，参与销售和营销的管理者要理解盈亏平衡分析（见模型61）。正如模型中所言，销售价格由供求关系决定，生产成本仅用于确定是否有能力参与这项"游戏"。如果你身在"游戏"中，那么知道一个产品何时达到盈亏平衡点至关重要，因为如果你愿意，盈亏平衡点可以让你改变价格。

　　■　差距分析（见模型62）实际上涉及目标设定。预测基于财务和统计信息；目标可能基于类似的信息，也可能只是管理者凭空想出来的数字，他希望提高绩效，并将其视为激励员工的一种方式。这是好事，但绝不要让雄心勃勃的目标取代正确计算的预测数字，那样会造成财务上的疯狂，以及认为只要增加销售额就能平衡预算的想法。

　　最后请记住：一知半解害己误人。除非你真的了解财务和会计，否则在处理财务问题时，一定要寻求会计师的帮助，或者至少在他们面前进行计算，这本来就是会计师的职责。

第九章

如何成功实施决策

简介

所有决策都需要认真执行。有些决策影响较小，比如对员工的工作流程进行简单变更；有些决策则可能对组织有重大影响，需要项目团队经过数月的努力才能得到妥善执行。

本章简要介绍七种模型，你可以使用这些模型来确保决策的成功执行。决策过程中最容易被忽视的往往是执行。令人遗憾的是，如今仍有一些管理者认为，仅通过发号施令决策就会神奇般地按照预想得到执行，果真如此就好了。

事实上，不管最初的决策有多完美，要想真正奏效，必须确保得到员工和其他利益相关者的执行和行动。如果做不到这一点，最终的结果可能和你的设想大相径庭，因为你的决策只是部分地贯彻到组织的思维之中。

本章介绍的模型提供一系列方法，供你用来确保决策得到充分贯彻并实现既定目标。

模型 64 朗德的 TRAP 模型

用来提醒你，决策的执行离不开计划和监督。

杰夫·朗德（Geoff Round）开发了简单易行的 TRAP 模型，让管理者核查是否有资源来运行项目或执行决策。没有足够的资源，决策的成功执行则难以实现。

首先需要确认：

任务（Task）：尽可能清晰完整地明确任务。

资源（Resources）：阐明项目可利用的人力和物力资源。

核算（Arithmetic）：核查计算是否合理，即给定任务和完成时间，是否有足够资源来完成该任务？

优先事项（Priorities）：项目的优先事项包括哪些，如果有可用资源，优先事项能完成吗？

学以致用

■ 根据 TRAP 分析，确定是否有项目需要的足够资源。如果资源不足，与管理层重新协商。

■ 在项目团队的首次会议上开始详细计划，使用以下改编自格里·约翰逊（Gerry Johnson）和凯旺·斯科尔斯（Kevan Scholes）的六阶段流程作为参考。

——阶段 1：尽可能详细地确定决策的目的。你和团队必须能用一句完整的话来描述决策目的。

——阶段 2：将总目标分成一系列短期或阶段目标。这些目标至关重要，一旦实现会使你更接近总目标。

　　——阶段 3：依次考虑每个短期/阶段目标，并明确需要完成哪些任务或达到哪些目的才能让你最终实现总目标。

　　——阶段 4：明确每项任务由谁负责完成。使用 SMART 目标设置（参见模型 68）来确定要实现任务、短期目标或阶段目标必须满足的标准。

　　——阶段 5：建立监督体系，允许对进度与计划进行比较。

　　——阶段 6：在决策执行过程中，记录所有可能有助于未来项目团队的经验教训，对团队取得的成就给予时间进行庆祝。

　■ 完成上述每个阶段的工作并利用专业知识充分探讨出现的问题，这个过程有助于提高团队凝聚力，促使成员参与并接受团队计划。

　■ 将计划作为一种手段，向团队成员和其他利益相关方传达你准备做什么、什么时候做，以及如何做。

　■ 确保每位团队成员在最终计划、目标和时间表上签字。

问题反思

　■ 你的决策是否影响重大到足以需要专门的团队？（大多数不需要）

　■ 你需要领导执行团队还是仅仅充当发起人？

糟糕决策： 1958 年福特公司推出的埃德塞尔（Edsel）轿车是一大败笔。有人说那是因为该公司在广告宣传中承诺太多，而实际兑现太少；另一些人则认为原因在于该款车型对男性消费者来说其设计过于女性化。

模型 65 约翰逊项目管理三原则

该模型可作为项目团队工作汇报流程的基础。

凯利·约翰逊（Kelly Johnson）为飞机制造商洛克希德·马丁公司（Lockheed Martin）制定了 14 条规则和措施，不少规则与公司的工作实践有关。下表中列出了其中三条规则，这些规则成为私营和公共部门项目和决策有效实施的基石。

约翰逊项目管理三原则：
1. 项目组雇用的人数必须保持在最低限度，人越多，沟通和管理就越复杂。
2. 开会次数必须保持最低限度。约翰逊建议每周召开一次例会来检查项目进度以及讨论是否需要对项目进行任何变更。此外他还建议项目经理和发起人每月召开一次会议，在他看来，过多的会议会适得其反并增加管理负担。
3. 常规项目报告只需两种。一种是每周一次提交给项目团队的报告，根据计划详细说明迄今为止的项目进度；一种是每月一次提交给主管部门的最新项目进度和详细的项目财务报告。任何额外报告都会占用时间，可以把这些时间更好地用于项目工作本身。

学以致用

■ 处理复杂决策时，将其当作一个项目来管理。

■ 为了方便管理，尽量降低团队规模，这有助于团队内部沟通和明确目标。此外，规模小的团队能快速建立团队精神和团队认同感。

■ 一旦项目启动并运行，特别是项目看起来成功在望时，你会惊讶地发现许多追名逐利者想乘机搭便车，对这些搭便车者要断然拒绝。

■ 每周五下午或周一上午与项目团队举行简短的项目进度例会。利用会议监督计划进展，并确定下周工作的优先顺序。

■ 学会说"不"。你每次同意对计划进行变动，就等于降低了按进度完成工作的概率。

■ 除非绝对必要，在每周项目进度例会上，对所有项目变更请求一概拒绝。将所有其他建议记录下来，在项目实施的第二阶段进行处理。

■ 在月底团队会议上提交预算/实际支出报告，并采取必要的纠正措施。

■ 每次团队会议结束时，列出下周"必须实现的目标"。

■ 在每月项目发起人会议上提交最新项目进度报告和财务报告。财务报告应将迄今为止的支出与预算进行比较，并提供已承付但尚未发生的支出详情，以及到项目结束时的总费用预测。

■ 除了向项目发起人提供必要信息外，你在这些会议上的主要任务是对如何改进项目实施的建议说"不"。坚持立场，接受并记录所有建议，但要明确表明，除非该建议能更容易或更快实现最初目标，否则必须等到第二阶段再予以考虑。

■ 请记住，如果你对项目变更建议说"同意"，却未能在规定期限内完成计划，那最终承担责任的是你。

问题反思

■ 我的自信心如何？需要多说"不"吗？

■ 在项目发起人会议上，我能依靠谁来获得支持？

优秀决策： 亨利·福特决定将工人的工资提高一倍，这意味着他可以挑选最优秀的工人，并在工人阶层中开发出 T 型车市场。

模型 66 休哈特的计划、实施、检查、行动(PDCA)执行模型（前 11 大模型）

该模型可用来监督决策的实施，并在实施之后对结果进行微调。

许多组织在决策上投入了大量时间、精力和金钱，但却没有进行任何执行后的分析。这种情况目前依然存在，就好像他们对结果漠不关心。这种逃避现实的做法意味着组织错失了从自己的行动中学习提高的大好机会。

休哈特在 20 世纪 30 年代设计了"计划、实施、检查、行动"模型，爱德华兹·戴明（Edwards Deming）广泛使用该模型作为在组织中营造持续改进文化的一种手段。这种模型可以用来检查决策的实施情况，并作为对结果进行微调的一种手段，使其符合决策者的最初目标。

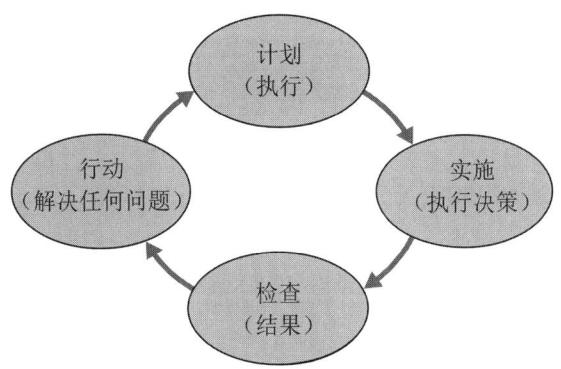

表格解释

计划：确定当前所处阶段，分析问题、决定需要做的工作并制订实施计划。

实施：执行计划/决定。

检查：评估变更在多大程度上会改善情况，是否可能会让情况变得更糟。

行动：如果结果不及预期，找出原因、采取行动并重复 PDCA 循环。如果最初的目标已经实现，用同样的方式设定新的更高的目标或开启新项目。

学以致用

■ 首先要明确说明你对执行决策所期望的结果。

■ 如果是一项会对公司许多方面产生影响的复杂决策，可分解为多个组成部分，并将其作为计划中的阶段目标。为每部分制定 PDCA 循环。这会导致次优化凸显，即某一领域的问题改善了 30%，而另一领域却恶化了 15%。两者综合有了 15% 的改善，你可能对此感到满意，但这不是最佳解决方案。

■ 计划：利用员工意见以及相关统计或财务信息收集问题/程序的定性数据。与员工一起分析和评估收集到的数据，就需要采取的行动达成共识，并在适当的情况下起草书面实施计划。对于许多简单的决策则无此必要。

■ 实施：实施变革。由于员工已经参与并就所需行动达成共识，你已经最大限度降低了实施任何变革会遭遇的阻力。

■ 检查：留出时间对决策进行落实，然后再检查。问问自己，决策目标达到预期了吗？如果达到了，则可以使用 PDCA 模型开启下一个改进项目。

■ 行动：如果决策没有达到最初目标，使用 PDCA 模型去尽可能接近最初目标。首先要确定还存在哪些问题（计划）。

问题反思

- ■ 在努力提高绩效时，是否充分利用了员工的专业知识？
- ■ 对所做出的决策是否经常反思，并对其是否成功给予评估？

> **糟糕决策**：杜嘉＆班纳（Dolce & Gabbana）创始人决定将试管婴儿或代孕母亲所生的孩子称为"人造婴儿"，导致几位有影响力的知名客户呼吁抵制其产品。这是数字时代个人信仰对商业造成影响的典型事例。

模型 67 奥兰德拉和瑞森：瑞士奶酪模型以及如何阻止问题恶化

用来提醒设计分隔系统的必要性，以防止错误在系统内扩散。

瑞士奶酪模型最初由曼彻斯特大学的但丁·奥兰德拉（Dante Orlandella）和詹姆斯·T. 瑞森（James T. Reason）开发。该模型认为流程中的每一步都有失败的可能。每块奶酪上的洞是错误从一个阶段转移到下一个阶段的通道。虽然错误可能会穿过某一个洞，但会被下一片奶酪堵住，因为奶酪上的洞处于不同位置。将每个错误分开并隔离，这样错误就不会在下一个层面扩大影响。

如下图所示，所有漏洞连成一体，潜在重大错误就会发生。

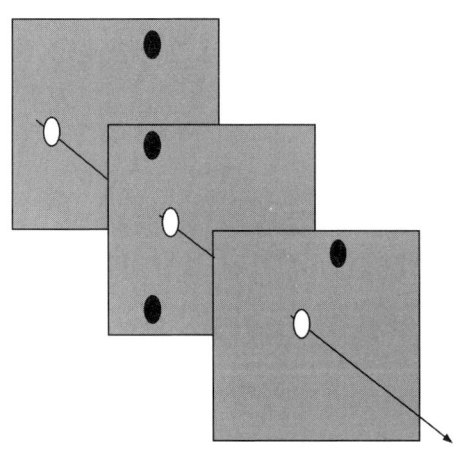

● 错误包含在单个流程
○ 错误贯穿于多个流程

资料来源：adapted from Reason, J.（2008）*The Human Contribution*, Ashgate, farnham.

学以致用

■ 要认识到每个流程都是阻止错误的机会，将大的流程拆分为多个小流程，并以此方式设计系统，即后一流程会自动检查前一流程的结果。

■ 你永远无法设计出没有漏洞的系统，但如果注意细节，可以让这些漏洞变得更小，一个错误要想顺利地穿透到终端产品，难度就会变大。

■ 奥兰德拉和瑞森认为大多数错误归根到底不外乎以下 4 个原因。在设计或审查系统时，请认真考虑并采取适当措施消除发现的任何潜在问题：

1. 组织方面的影响，如因工作时间延长或财政紧缩而减少了员工培训。

2. 对员工监督不力，如雇佣的员工缺乏经验，以及熟悉系统的员工太少。

3. 现有条件限制，如不良工作习惯：员工疲惫不堪、过度劳累或沟通不畅等。

4. 特定的不安全行为，如人为错误。

■ 系统错误无论多小，识别后都要及时处理。这或许可以阻止潜在的更大的错误穿透整个流程。

■ 对所使用的系统进行定期检查。可能的话，寻求外聘人员的帮助，他们对你的系统不熟悉意味着会问一些显而易见的问题，并对一些在你看来司空见惯的东西提出质疑。

■ 奥兰德拉和瑞森所描述的潜在问题会影响前三种类型的失败。它们可能会潜伏数周、数月或数年，然后在你面前爆炸，就像焊接不良的管道或锅炉。不要洋洋自得，完美的系统距离灾难的发生可能只有一步之遥（见模型 54、55 和 56）。

问题反思

■ 上一次邀请外聘专家对系统进行批判性评估是在什么时候？

■ 去年有过侥幸逃脱吗？你采取了什么应对措施？

优秀决策： 在 1960 年，弗朗西斯·凯尔西（Frances Kelsey）博士尽管面临巨大压力，还是拒绝批准在美国向有晨吐症状的孕妇销售沙利度胺，因为沙利度胺是否会对婴儿造成影响"尚未得到科学证明"。一年后，沙利度胺被证实会导致严重的婴儿出生缺陷，弗兰西斯·凯尔西成为了巾帼英雄。

模型 68　设定可实现的 SMART 目标

利用这一模型设计出可监测和评估的现实目标。

　　管理者做出决策，下一步是必须实施，这时 SMART 目标的设定变得至关重要。

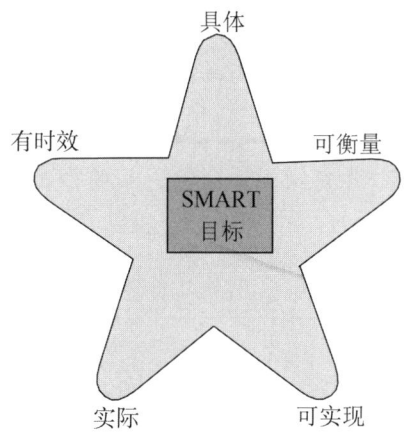

表格解释
目标要具体（Specific）：目标明确，避免产生误解的可能。
目标可衡量（Measurable）：可以对目标的进展和实现情况进行衡量。
目标可实现（Acheivable）：在指定的时间范围内目标有实现的可能。
目标切合实际（Realistic）：考虑到组织当前的资源和专业知识，目标要切合实际。
目标有时效（Timed）：目标到截止日期可以实现，但又具有一定挑战性。

学以致用

　　■ 并非所有决策都涉及复杂的执行过程。对需要计划实施的

20%复杂决策采用这种方法（见模型 10）。

■ 许多管理者没有花足够的时间思考如何设定目标，最终的愿望清单因模糊不清、好高骛远而经常不能实现/无法实现，或没有实现目标的截止日期。使用 SMART 目标设置可避免这些陷阱。

■ 为将在一段时间内实施的任何复杂决策制订实施计划，并使用 SMART 方法设定目标。

■ 与团队合作将每个目标分解成一系列任务。

■ 为任务指定完成日期，每项任务的完成都会激励你和员工，确保最终目标的实现。

■ 定期召开监督会议，设计简单的通报系统以便能监督进度、识别问题并记录所有已达成一致的纠正措施。

月度目标/实际报告示例

目标：	临时目标为（xxxx－04－30）	实际为（xxxx－04－30）	偏差正/负	需在下一次会议（xxxx－05－30）之前采取的行动
游说所有用户	3 000	2 500	负 500	确定用户偏差产生的原因，并决定如何弥补偏差

问题反思

■ 我是否得到员工和利益相关者的支持去实现每个目标？

■ 我是否拥有实现每个目标所需的资源？

糟糕决策： 西联汇款（Western Union）在 1876 年决定拒绝亚历山大·格雷厄姆·贝尔的电话，转而开发自己的电话。

模型 69　金伟灿和勒妮·莫博涅引爆点领导法：如何避免执行问题

你可以经常做出重大决策，但是如果不能成功执行，等于是在浪费时间。对组织影响最小的决策通常相对容易实施，但是导致组织思维产生重大变化的决策将面临来自各方的阻力。

金伟灿（W. Chan Kim）和勒妮·莫博涅（Renée Mauborgne）的引爆点领导法为如何在决策实施前赢得关键人物的支持提供了蓝图。他们在对纽约警察局长威廉·布拉顿（William Bratton）的工作进行研究后得出这一模型，布拉顿在纽约市地铁系统实施一种新的犯罪处理方法时确定了四项策略。

这四项策略是：

1. 突破认知障碍。

2. 避开资源障碍。

3. 跳过激励障碍。

4. 冲破政治障碍。

在克服这些障碍后就会到达临界点，变革不可避免地随之而来。下面对每个障碍进行了界定，并简要介绍了克服这些障碍的方法。

学以致用

■ 要突破认知障碍，必须提出强有力的变革理由。光依靠事实、数字和报告会让人止步不前。你要找到一种方法，让组织的关键管理者体会到需要你通过决策去补救的问题。例如，如果你经营一家房地产公司，公司的私人租户抱怨所在街区有反社会行为，你可以安排管理者在该街区居住 24 小时进行体验。

■ 为了避开资源障碍，要认识到所有资源几乎都是有限的，但不要因此削弱自己的雄心壮志。着眼于完整的解决方案，但要先将资源集中在较小领域。例如，不要试图解决所有社区的反社会行为问题，而是使用帕累托原则来确定问题最突出的社区（见模型 10），并将资源集中用于解决这些社区的问题。如果事实证明你的干预措施行之有效，随后就会有额外资金到位。

■ 激励一个人很难，激励整个组织更难。为了跨越激励障碍，找出组织中那些员工信赖的关键人物，可能是经理、工会代表、团队领导或普通工人。他们的共同之处在于，在他们说话时，其他员工都会倾听。把他们争取过来，让他们去游说、传播消息，为你赢得成功所需的关键员工。

■ 为了克服政治障碍，找出那些有权反对你的利益相关者，并尽早说服他们（见模型 14 和 15）。

问题反思

■ 有没有一位高级主管可以帮助你，以便你能赢得持反对意见的强大利益相关者的支持？

■ 你的政治能力如何？需要对这个领域给予更多关注吗？

> **优秀决策**：尽管有点尴尬，可口可乐还是很快决定恢复使用原来的配方，因为客户显然不喜欢新配方的口味。

模型 70 库伯莱德和斯里瓦斯塔瓦的肯定式探询（AI）模型和正能量

用来鼓励积极的思考，并找到消除持续"灭火"需求的方法。

肯定式探询模型是由大卫·库伯莱德（David Cooperrider）和苏雷什·斯里瓦斯塔瓦（Suresh Srivastva）设计的。他们认为，大多数组织使用的"问题解决"方法会适得其反，因为这些方法关注的是识别和消除错误。大卫·库伯莱德和苏雷什·斯里瓦斯塔瓦不关注组织做得不好的事情，而是希望管理者在组织表现好的基础上再接再厉。他们认为这可以消除工作中的许多消极因素和员工的愤世嫉俗，鼓励更多创造力和新思维。

目前，大多数决策侧重于解决组织中存在的问题。改为肯定式探询将从根本上改变管理者所做决策的性质。

下表比较了传统的问题解决方法和肯定式探询方法。

传统问题解决方法	肯定式探询方法
发现问题。	识别出组织中正在发生的好事情。
问题的原因已经确定。	员工花时间想象组织可以做什么/成为什么。
确定了问题的可能解决方案。	员工花时间讨论未来应该怎么样，而不是现在怎么样。
实施选定的解决方案。	实现新愿景的策略已经到位。
管理者继续解决下一个问题。	继续下一个项目。

学以致用

■ 从识别组织中现有员工的心态开始。参加会议时，记录人们对新想法的反应，他们会：

——放弃所有新想法？

——毫无保留地热情拥抱每一个想法？

——认为想法有意思，但随后指出各种缺点？

——基本接受但提出了改进意见？

——保持中立，等到这个想法被证明是成功还是失败后，再加入"赢家"队伍。

■ 在收集一些基础数据之后，你对实施肯定式探询所需的文化变革已有所了解。文化变革通常是高级管理层的专利，中层管理者负责传播和维护组织的文化。使用模型 14 和 15 来确定你需要谁的加入来实现你所期望的改变。

■ 为了证明肯定式探询确实有效，从小项目开始，向那些怀疑这个过程的人展示它的好处（见模型 69）。

■ 选择对肯定式探询法富有好感的人加入项目团队。可以通过分析他们在会议中的行为来识别，与团队一起完成以下四个阶段的过程：

——确定一个已经运行良好的组织流程。

——想象一下，如果系统完美无缺会怎样。

——起草计划。将需要做什么，由谁、何时、何地以及如何做——罗列出来。你和团队达成共识时，与所有相关人员分享计划，并根据所提出的意见进行修改。

——使用 PDCA 模型实施新系统并监督其成功实施（参见模型 66）。

■ 肯定式探询依赖于在组织内获得足够数量的成员来支持目标和理念。即使你只是一个基层经理，也可以从明天开始传播这个想法，或者和自己的团队一起使用。

问题反思

■ 肯定式探询没有捷径可走。多年来，你推广和追求肯定式探询理念的意愿如何？

■ 你能招募谁加入你的肯定式探询团队？

> **糟糕决策：** 1977 年福克斯电影公司（Fox Studios）的高管们对《星球大战》能取得多大成功几乎一无所知，他们把所有的商业开发权都签给了乔治·卢卡斯（George Lucas）以便能让他减少 2 万美元的特效费用。有人估计乔治·卢卡斯从这笔交易中赚了 20 亿美元。

总结

前 11 大模型

在第一时间就做出复杂的决策几乎不可能。每一个新的想法或政策都需要反复调整才能奏效。这就是我选择休哈特的计划、实施、检查、行动（PDCA）模型作为前 11 大模型之一的原因。

首要目标应该是执行决策的关键部分。一旦实现，可以开始调整系统和程序以确保决策价值最大化。休哈特的模型提供了对变更所导致的结果进行快速、全面的检查，并提供了采取纠正措施的机制。

本章中的模型旨在尽可能确保你实现最佳决策。决策期待达到的目标和实际可行的目标之间总会有差距，本章所讨论的模型会帮助您将这个差距保持在最小限度。朗德和约翰逊关心运营一个执行团队的具体细节，朗德（见模型 64）想知道他是否有时间、资源和人员来做这项工作。如果你没有这些条件，那么你成功实施决策的机会微乎其微。

另一方面，约翰逊（见模型 65）试图保护团队不在无用的报告上浪费时间。如果要选一句约翰逊的座右铭来说明，那便是"你不会用不断给猪称重的方法而使其变胖"。同样，你不能通过不断报告进度来完成一个项目！休哈特的 PDCA 模型（见模型 66）、奥兰德拉和瑞森的瑞士奶酪模型（见模型 67）以及 SMART 目标模型（见模型 68）都处理业务问题。休哈特帮助你更接近你做出决定时设想的结果。奥兰德拉和瑞森会提醒你，你就是一名普通人。这意味着你设计的任何系统都有弱点，如果要避免未爆炸弹可能造成的灾难，就需要将这些弱点考虑进去（请参阅模型

54）。SMART 模型（见模型 68）帮助你确定一系列有意义的目标，这些目标可以帮助你有效地执行决策。

金伟灿和莫博涅的引爆点模型（见模型 69）和库伯莱德和斯里瓦斯塔瓦的肯定式探询模型（见模型 70）属于高层次策略理论。然而，这并不意味着中级和初级管理者不能在工作中使用这两种理论。例如，可以使用引爆点模型与团队或部门一起尝试新想法。如果能行得通，则可能会被整个组织所接受；或者找出那些在员工中有号召力的人员，试着和他们建立良好的工作关系。如果他们认同你的决策，会成为你的有力支持者。

对于肯定式探询，你没有理由在情况需要时不对自己的员工采用这种方法，而继续使用传统问题解决法。

整体而言，本章的模型提醒我们：

■ 你对自己决策的责任只会随着其成功执行而结束。宣布一项决策不会改变什么，实施决策才能带来改变。

■ 成功实施一项决策需要得到他人的支持。正因为如此，为自己想法寻找支持永远不会为时过早。从第一天开始就要赢得利益相关方的心思和想法（见模型 14），不要等到即将做出决策的时候再去做。

■ 始终要对决策的实施进行监督。你可以从失败的实施和成功的实施中学到同样多的东西，秘诀在于在下一次执行决策时利用所获得的相关经验。

个性特征与决策

我希望你喜欢阅读"优秀决策/糟糕决策"栏目，并且抽时间做些笔记，谈谈你觉得这些人做出相应决策的原因。

不了解所有细节，就说不清为什么会做出某项决策而拒绝另一项决策。可能是因为缺乏信息或者不了解某些数据的重要性，也有可能是因为某些个性特征一次次对优秀决策或糟糕决策造成影响，而这也正是我接下来要强调的地方。

优秀决策者的七大品质

成功的决策者通常会表现出以下某个或多个特征：

1. 自嘲： 不管是 2000 年初爆发的互联网泡沫，还是 2008 年将世界带到金融崩溃边缘的次贷危机，沃伦·巴菲特（Warren Buffett）都未曾投资。针对这两次情况他给出的理由都是"对那些投资项目我一窍不通"。

2. 勇气： 影片中的英雄人物能承受四面八方的压力，在原则受到威胁时能挺身而出，这是许多伟大电影的基本原理。有一部即将拍摄的电影，内容涉及弗朗西斯·凯尔西博士的人生，她凭借巨大的勇气，承受住了来自各方的在美国出售沙利度胺要求的压力（见模型 67）。

3. 远见： 能够从各种渠道获取微妙的信号，并在客户了解之前确定市场需求。例如，盛田昭夫之所以决定开发索尼随身听，仅仅是因为他观察到年轻人喜欢边走边听音乐（见模型 59）。

4. 谦虚： 一旦出错，能及时改变观念并采取纠正措施，这是优秀决策者的标志。改变世界上最受欢迎饮料的口味，这是灾难性的决策，可口可乐公司的董事会在几个月内便推翻了该项决策，表现出了这种谦逊的品质（见模型69）。

5. 尊重他人，包括客户：有高尚道德情操的人尊重自己、员工、同事和客户。他们不想让任何人上当受骗，这并不意味着他们无法在需要时做出艰难决策，只是意味着他们会像对待自己一样善待别人。强生决定公开市场领先止痛药泰诺中毒事件是出于法律需要，但他们对媒体的开放态度，以及他们向客户提供的关于事件的真实情况，展示了他们对客户的诚信和关怀（见模型9）。

6. 自我认识：正如第四章导言中所述，认识自己是智慧的开始。有自知之明能培养自信不疑、敢于认错和勇往直前的能力。甚至伟大的沃伦·巴菲特有时也会出错。在2015年初，他承认对Tesco的投资是罕见的失败之举，随即采取措施出售股票。

7. 追求卓越：伟大的管理者很少因金钱而受激励，他们可能会用金钱为自己加分，但他们真正感兴趣的是自我提升。他们不会满足于自己的成就并变得狂妄自大，相反，他们会不断拓展自己。索尔克博士是开发有效脊髓灰质炎疫苗第一人，他花了三年时间才确定只有三种类型的脊髓灰质炎病毒，然后开始他的主要任务——寻找治愈方法，在他之前没有人从事过这项研究。当最终发现这种疫苗时，他拒绝申请专利，就像他伟大的对手萨宾博士一样。七年后，萨宾博士研制出第二种疫苗（见模型23）。

不良决策者的七大性格缺陷

不成功的决策者往往具有以下一种或多种性格缺陷：

1. 狂妄自大：骄傲自满必然导致失败。早期的成功让希特勒

（见模型4）和克莱夫·辛克莱（见模型32）等形形色色的人物认为，只有他们自己知道前进的最佳道路。

2. 贪婪：决策者经常忽略一句老话，即"天上永远不会掉馅饼"，看起来太过美好的东西可能不是真的。贪婪并不总是关乎金钱——也可能是想上头条新闻。《斯特恩》（*Stern*）杂志就是这样，他们真的以为自己买到了货真价实的"希特勒日记"（见模型50）。

3. 无知：许多决策由错误人选做出，这已见怪不怪。在下面的例子中，很明显没有一个决策者知道市场需要什么，否则如何解释迪卡唱片错过披头士乐队（见模型10）、20世纪福克斯以2万美元出售《星球大战》的销售权（见模型70），以及IBM决定将为所有非IBM机器提供DOS的权利以50000美元的价格出售给比尔·盖茨（参见模型1）。

4. 缺乏想象力：萨宾博士遵循医学正统观念，利用活细胞开发脊髓灰质炎疫苗，成就非同寻常，但这发生在他的劲敌索尔克博士用灭活病毒研制出有效疫苗整整七年之后（见模型23）。

5. 固执：即使面对压倒性的对立证据，也不愿意改变主意。埃德加·胡佛一生坚持认为美国没有黑手党（见模型42），很想知道这帮暴民怎么看待他。

6. 懒惰和固步自封：拥有巨大市场份额的组织往往会固步自封或看不到竞争对手取得的进步，直到最后为时已晚。IBM对个人电脑市场增长的缓慢反应（见模型22）和福特对其他汽车制造商的改进没有反应（见模型20）就是这方面的典型例子。

7. 对顾客的蔑视：在许多公司，员工为客户带来的最大的感受之一是蔑视。2008年金融危机表明，这是投资银行家的普遍态度。只要这种态度永远不公开，就可以逃脱惩罚。杰拉尔德·拉特纳（Gerald Ratner）可能没有轻视他的客户，但当他向一屋子公司董事解释说他能够把公司最畅销的细颈水瓶饰物定价为 4.99 英镑时，似乎就是这种态度，因为他说这些细颈水瓶"完全是垃圾"，并且是在镜头前说的。

从糟糕的决策中恢复

每个人都会不时做出错误决策，重要的是你如何从这些错误中恢复过来。如果你犯了一个错误，不要试图去隐藏或秘密修正，几乎每一出闹剧的最终结尾都表明，这样做无济于事。

前 11 大模型

　　争夺前 11 大模型的竞争非常激烈。本书 9 个章节中，每一章都已经选出了一个模型作为前 11 大模型之一，他们的优势和特点都已在相关章节的结论中讨论过。剩下的任务就是由我来挑选"老大"和"老二"。在我做出选择前，为了营造紧张气氛，先来回顾一下已经选出的 9 种模型：

1. 麦克纳马拉谬论：决策者忽略的重要信息
2. 约翰逊、斯科尔斯和惠廷顿：映射利益相关者的反应
3. 艾森豪威尔原则与决策授权
4. 管理不切实际的期望
5. 赫塞和布兰查德：情境领导模型
6. 摩尔的排头兵模型
7. 优势、劣势、机会和威胁（SWOT）模型
8. 贴现现金流（DCF）：计算未来回报的当前价值
9. 休哈特的计划、实施、检查、行动（PDCA）执行模型

　　接下来就是要揭秘前 11 大模型中的"老大"和"老二"。这项决策很困难，需要进行大量的自我反思。最终，在《101 条权威管理理论》中被誉为所有管理理论之王的理论已脱颖而出。

　　我现在可以确认 11 大模型中的"老二"是维尔弗雷多·帕累托，他的法则告诉我们，应该把精力集中在重要的少数人身上，而不是不重要的多数人身上（见模型 10）。通过指引我们去应该集中精力的地方，他帮我们节省了时间和资源。再加上帕累托原则在很多情况下都适用，这就意味着无论我们处于什么位

置，始终都有着出色的表现。

然而，我们这个团队是研究决策的，说到决策没有人能与罗伯特·汤森德相提并论，因为他对决策规则的描述非常简洁（见模型 1）。罗伯特在他的开创性著作《提升组织》中展现了巨大的智慧和幽默。他的小册子不到 25 000 字，是 20 世纪 70 年代的决策宝典，至今仍与管理者息息相关，该著作 40 周年纪念版刚刚发行，我强烈建议你去读一读。

管理领域的学者或作者中，很少有人像汤森德那样去理解组织和员工。他是一名伟大的管理者，有着了不起的职业生涯，最重要的是他证明成为高效管理者不仅完全可能，而且其乐无穷。

结语

最后结尾我会言简意赅。谢天谢地，你终于等到这一句话。

决策既涉及智慧也涉及情感。除非你是一名反社会者，在商界也确有一些人是反社会者，否则在你为人们的职业和生计做出艰难决策时，会度过一个个奇怪的不眠之夜，恐怕这在工作中无法避免。然而，作为决策者，有一条黄金法则你应该永远遵守。这条法则不会让你的焦虑和担忧完全消除，但会有所减轻。

你受雇于组织，为组织的最佳利益而采取行动是你的职责所在。

在大部分情况下，对组织最有利与对员工和其他利益相关方最有利是相一致的。偶尔也会发生冲突，一旦出现这种情况，不要做出最符合你或员工或部门利益的决定，相反，要看什么对组织最有利，并以此作为行动指南。

如果管理者不采用这种方法，他们就会将组织的未来置于危险之中，如果组织失败了，与其相关的每一个人都会受到伤害。

总之，记住吉米·格里夫斯（英国足球场上最伟大的射手）说过的话，一个伟大的射手会设法把四分之一的机会变成进球。棒球的平均成绩没有太大的不同，一个伟大的击球手为了达到神奇的 300 分平均成绩，70% 的时间都失败了。伟大的决策者几乎和伟大的前锋和击球手一样罕见，所以偶尔犯错时不要自责。

致谢

　　我要感谢编辑埃洛伊斯·库克（Eloise Cook），感谢她对本项目从最初设想到最后成书期间提供的支持，也感谢她对初稿的宝贵意见和建议。

　　我还要感谢资深项目编辑娜塔莎·惠兰（Natasha Whelan），她让我在整个编写过程中保持清醒头脑并按部就班。

　　最后，非常感谢珍·哈尔福德（Jen Halford）和莫伊拉·多诺霍（Moira Donoghue）对本书细节的关注和关心。